ONSITESTUDIO

De aedibus international

De aedibus international

Die Inspirationen und die architektonische Kultur einzelner Architekten in Europa zu dokumentieren und zusammenzuführen, das ist das Ziel der Reihe *De aedibus international*. So können wir seit 2009 architektonische Brennpunkte der jüngeren europäischen Architekturgeschichte wie etwa London, die Beneluxstaaten, Deutschland, Österreich und Südtirol mit einzelnen Bänden erreichen. Die Reihe wird in ihrer Kontinuität gleichsam zu einem Gedächtnis der Architektur, das die Werke dem Vergessen entzieht. Von allen der mit hohem Qualitätsanspruch ausgewählten Architekturschaffenden werden die wichtigsten Bauten festgehalten, ausführlich dargestellt und dokumentiert. Jeder Band dient auch der Reflexion über den architektonischen Willen, der hinter den Projekten steht. So sind in dieser Reihe bereits etliche namhafte Kritikerinnen und Kritiker aus verschiedenen Ländern zu Wort gekommen.

Der Hauptteil in jedem Band widmet sich dagegen der Welt der Anschauung. So sind jeweils anhand von Bildern und Plänen einige bemerkenswerte Bauten dargestellt, die nicht einer routinierten «Produktion» entsprungen sind. Vielmehr steht hinter jedem Entwurf eine leidenschaftliche Auseinandersetzung mit der Aufgabe und deren Prämissen.

Heinz Wirz
Verleger

The *De aedibus international* series aims to document and compile the inspirations and architectural culture of individual architects in Europe. Since 2009, we have published individual volumes on hotspots of European architectural history such as London, the Benelux countries, Germany, Austria and South Tyrol. Such continuity allows the series to become a form of architectural memory, ensuring that the architecture is not forgotten. The most important buildings by each of the selected high-quality architects are presented, described in detail and documented. Each volume also serves to reflect upon the architectural motivation behind the projects. Thus the series includes numerous articles by renowned critics from various countries.

However, the core of each book is dedicated to the world of observation. Images and plans present a number of remarkable buildings that are not the result of routine "production". Instead, each design stems from a passionate engagement with the task and its premises.

Heinz Wirz
Publisher

ONSITESTUDIO – Mailand/Milan

QUART

ZEICHEN DER HOFFNUNG FÜR EIN BESCHÄDIGTES GEBÄUDE

Vittorio Magnago Lampugnani

Im ersten Heft der Zeitschrift *Domus*, das er herausgab, beschwor Ernesto Nathan Rogers in einem berührenden Editorial zum «Haus des Menschen» ein stark beschädigtes Gebäude, das Wind und Regen ausgesetzt und von dem Wehgeschrei der Frauen und Kinder erfüllt war. Er schrieb diese Metapher im Januar 1946: Sie bezog sich auf die Architektur, aber auch und vor allem auf die italienische Gesellschaft, deren Gefüge der Faschismus und der Krieg zerstört hatten. Der Wiederaufbau, den sich der intellektuelle Architekt, der wenige Jahre später mit seinen Kollegen vom Studio BBPR mit der Torre Velasca ein eindringliches neues Wahrzeichen im Zentrum Mailands schuf, erhoffte, war nicht nur jener der Architektur, sondern auch jener der moralischen, ästhetischen, sozialstaatlichen und politischen Werte und Strukturen.

Das heutige Italien ist nicht durch einen Krieg geschwächt, sondern durch politische Ereignisse, welche die Bürgerrechte erodiert und die Gesellschaft zerrüttet haben. Die wirtschaftliche Krise, die das Land im Griff hält, ist nur ein Symptom dieser Zerrüttung. Die Architektur, die notwendigerweise der Gesellschaft die Form gibt, die sie verlangt und ihr entspricht, befindet sich in demselben desolaten Zustand.

Noch vor einem knappen halben Jahrhundert gehörte unsere architektonische Kultur zur internationalen Avantgarde: In Italien fanden die anregendsten Debatten statt, in Italien wurden die wichtigsten Bücher und Zeitschriften publiziert, in Italien wurden die bedeutendsten Projekte gezeichnet und teilweise auch realisiert. Sie wurden weltweit diskutiert und waren wichtige Inspirationsquellen. Von alledem findet sich heute nichts und auch die Erinnerung ist weitgehend verblasst. Der theoretische Diskurs ist inexistent, und wo Architekturkritik noch vorhanden ist, beschränkt sie sich auf die platte Beschreibung der Objekte. Die Bücher sind nahezu ausnahmslos solche, die um der akademischen Karriere willen produziert werden müssen: Sie genügen den wissenschaftlichen Anforderungen immer weniger und entspringen immer seltener der Forscherneugier der Autorenschaft. Die historischen Zeitschriften, unter kommerziellen Druck geraten, geben zunehmend jede kulturelle Kontinuität auf und ergeben sich den Zeitströmungen, die sie nicht infrage zu stellen wagen. Die neuen Magazine scheinen kein Raum des Nachdenkens mehr zu sein, sondern ausschliesslich Orte meist unredlicher Allianzen. Und die Architekten? Die Meister sind tot, sehr alt oder resigniert; mancher baut weiter, aber inzwischen ohne Lust, etwas anderes zu suchen als den Grossauftrag und die starke formale Präsenz. Auch ihre Schülerinnen und Schüler sind nicht mehr die jüngsten, und fast niemand hat es geschafft, einen eigenen, autonomen und inhaltlich überzeugenden Weg zu finden: Entweder imitieren sie ihre Mentorinnen und Mentoren, was deren (gebaute) Poesie zur Karikatur verkommen lässt, oder sie verweigern sich mit verzweifelter Halsstarrigkeit allem, was jener Poesie nahekommt. Die neue Generation ist mehrheitlich prinzipienlos wie das soziale und politische Umfeld, das sie genährt hat: Sie wählt die intellektuell leichte und oftmals lukrative Abkürzung des wohl unpassenden, aber einnehmenden Spektakels. Dies auch deshalb, weil die Bauherrschaft, ob öffentlich oder privat, nicht mehr, aber auch nicht weniger verlangt. Mit anderen Worten: Sie will keine Risiken eingehen, das Ergebnis soll aber dennoch experimentell erscheinen.

SIGNS OF HOPE FOR A DAMAGED BUILDING

Vittorio Magnago Lampugnani

A moving Editorial on "The House of Man" for the first issue of the magazine *Domus*, which was edited by Ernesto Nathan Rogers, conjured up the image of a dramatically damaged building that was exposed to the wind and rain, and filled with the wailing of women and children. He wrote this metaphor in January 1946: it referred to architecture, but above all Italian society, its fabric destroyed by Fascism and war. The reconstruction that the intellectual architect hoped for, and to which he would later contribute with the Torre Velasca, a new landmark in the centre of Milan designed together with his colleagues at the studio BBPR, was not only an architectural process, but also referred to morality and aesthetics, as well as social and political values and structures.

Today's Italy is not weakened by war, but by political events that have eroded civil rights and shaken society. The economic crisis that continues to grip the country is only a symptom of that decay. The architecture that necessarily produces the forms that society demands, thereby conforming to it, is in the same wretched condition.

Less than half a century ago, our architectural culture belonged to the international avant-garde: the most exciting debates were held in Italy, the most important books and magazines were published in Italy, the most important projects were designed in Italy and some of them were also constructed. They were discussed around the world and considered important sources of inspiration.

None of that survives today; there is hardly even a memory of it. Theoretical discourse is non-existent and where architectural critique still survives, it is limited to the trite description of buildings. Books are almost exclusively produced to further academic careers: the dwindling scholarly requirements hardly spring from the investigative curiosity of their authors. The historical magazines, which have encountered commercial difficulties, increasingly neglect any form of cultural continuity and surrender to current trends that they dare not question. The new magazines no longer appear to be spaces for reflection, but rather of dishonest alliances. And the architects? The masters are dead, very old, or resigned; some continue to build, but now without the passion to seek anything other than a major contract and a strong formal presence. Their pupils are also no longer young and almost none of them have managed to find their own, autonomous path: they either imitate their mentors, thereby transforming the latter's (built) poetry into caricature, or they reject with frustrated stubbornness everything that comes close to that poetry. The majority of the new generation has no principles, like the social and political environment that nurtured it: it chooses the intellectually simple and often lucrative short cut of the perhaps unfitting, yet engaging spectacle, also because their clients, both public and private, require no more and no less. In other words: they do not wish to take any risks, but the result must nevertheless look experimental.

Ist dieser Befund zu pessimistisch? Nehmen wir den Fall Mailand. Nach den ruhmreichen 1930er und 1950er Jahren hat die selbsternannte moralische Hauptstadt Italiens nicht einmal in den wirtschaftlich und kulturell aussergewöhnlichen 1960er und 1980er Jahren grosse Architekturen geschaffen, obwohl viele der besten Architektinnen und Architekten in ihr lebten. Giorgio Grassi hat nichts gebaut; Aldo Rossi wenigstens etwas, unter anderem nichts Geringeres als das Wohngebäude im Quartiere Gallaratese und das Denkmal in der Via Manzoni; Vittorio Gregotti das Stadtviertel Bicocca. Doch waren damals kaum grössere Überbauungen geplant, und die wenigen waren in der Hand von Spekulanten, die an alles dachten ausser an Architektur. Heute gibt es wichtige Projekte, von dem neuen Quartier an der Porta Nuova bis zu jenem auf dem ehemaligen Messegelände, aber es werden höchstens mittelmässige Bauten realisiert – fast alle alt, und dies nicht nur, weil sowohl die Entwürfe als auch deren Autorenschaft inzwischen betagt dastehen: Sie sind kulturell angestaubt. Unweit des Hauptbahnhofs ist ein Gemisch aus architektonisch belanglosen Wolkenkratzern entstanden, mit öffentlichen Plätzen, die so wenig einladend sind, dass sie es mit der unglücklichsten amerikanischen Stadt aufnehmen können. Und an der alten Messe versuchen überflüssige architektonische Extravaganzen davon abzulenken, dass dort, ebenfalls nach amerikanischem Vorbild, drei Gated Communities entstanden sind. Die beiden letzten noch verfügbaren grossen innerstädtischen Areale werden nicht benutzt, um die Stadt mit ihrem Netz von Strassen, Plätzen und Parks auszubessern, zu ergänzen und zu bereichern; stattdessen werden sie der Spekulation überlassen und mithilfe des Alibis anerkannter Architektenmarken bebaut.

Der Befund ist dramatisch, aber nicht ohne Hoffnung – Hoffnung auf eine politische Rehabilitation, Hoffnung auf eine ökonomische Neuordnung, Hoffnung auf einen Wandel der Architektur. Positive Anzeichen sind da: in einigen Zeitschriften, in ein paar Büchern, bei vereinzelten Projekten. Jene von Giancarlo Floridi und Angelo Lunati, die als Onsitestudio firmieren, gehören dazu: weil sie zeigen, dass man an eine Tradition wieder anknüpfen kann, ohne sich ihr anzubiedern; dass man eklektisch sein kann, ohne der Beliebigkeit zu verfallen; vor allem aber, dass Architektur, auch pragmatische, nur durch Forschung und Nachdenken jene Qualität erreicht, die sie dem Ort, für den sie bestimmt ist, zur Bereicherung geraten lässt.

Are these findings too pessimistic? Let us look at the example of Milan. After the glorious 1930s and 1950s, the self-named moral capital of Italy failed to produce great architecture even in the economically and culturally exceptional 60s and 80s, although many of the best architects lived there. Giorgio Grassi built nothing; Aldo Rossi constructed a little, including the seminal residential building in the Gallaratese district and the monument in Via Manzoni; Vittorio Gregotti designed the Bicocca district. But at the time, hardly any major developments were implemented, and those that were belonged to speculators who thought of anything but architecture. Today, there are important projects, including the new quarter at Porta Nuova and the development on the former trade fair grounds, but at best, mediocre buildings are erected. Almost all of them are old, not only because the designs and their authors are by now aged: they are also culturally outdated. Near the central station, a mixture of meaningless skyscrapers has been built, with public squares that are so uninviting that they rival the most unfortunate American cities. At the old trade fair site, superfluous architectural extravagances struggle to divert public attention from the fact that, again following American models, three gated communities have been created. The two remaining available major inner-urban areas are not used to complement and improve the city with its texture of streets, squares and parks; instead, they are thrown to be devoured by speculators, covered by the alibis of recognised architectural brands.

The findings are dramatic, but not without hope. Hope for a new political rehabilitation, hope for a new economic order, hope for a change in architecture. There are positive signs: in some magazines, a few books and isolated projects. They include those by Giancarlo Floridi and Angelo Lunati, who operate by the name of Onsitestudio: they show that one can pick up on a tradition without pandering to it, that one can be eclectic without sliding into arbitrariness. Above all, they show that architecture, even when it is pragmatic, requires research and reflection to achieve the quality that truly enriches the place for which it is conceived.

ABRECHNUNG MIT DER TRADITION

Federico Tranfa

In einer polyzentrischen und multikulturellen Nation wie Italien erweist sich die Physiognomie Mailands als so flüchtig, dass sie meist mit den dort stattfindenden Aktivitäten verwechselt wird. Die US-amerikanische Schriftstellerin Edith Wharton beschrieb es 1905 folgendermassen: «Es ist schwer zu sagen, ob die Standardaussage des Standardtouristen – ‹in Mailand gibt es so wenig zu sehen› – eher auf den Sprecher zurückfällt und ihn lächerlich macht oder auf Italien und etwas über seinen Reichtum aussagt. Dass ein solches Urteil überhaupt möglich ist, sogar bei einem völlig uninformierten Reisenden, lässt auf eine Überfülle von Eindrücken schließen, wie sie kein anderes Land bietet, denn auch bei einem ganz hastigen Überblick könnte man Mailand kaum als uninteressant bezeichnen, würde man es mit irgend etwas anderem vergleichen als mit italienischen Städten. Sogar im Vergleich mit diesen muss es nur bei einer oberflächlichen Einschätzung zurückstehen, denn Mailand hat den ganzen Reichtum dessen, was die besondere Schönheit Italiens ausmacht, im Gegensatz zu den Pseudo-Gotizismen, den Spitztürmchen und Fialen jenseits der Alpen, die Ruskin eine unterwürfige Schule von Kunstkritikern als typischen Ausdruck des italienischen Geistes der Gotik anzusehen lehrte.»[1] Alberto Savinio, der kein Mailänder war, wusste eine verborgene Eigentümlichkeit von Mailand aufzudecken: «Die Atmosphäre dieser Stadt ist so heimelig, daß uns Straßen und Plätze wie Wohnungen erscheinen, als wären sie Häuser ohne Dach. Die Piazza Belgioioso ist das gemeinsame Vestibül des gleichnamigen Palazzo und des Palazzo Besana auf der anderen Seite.»[2] Besonders typisch für Mailand ist ausserdem die Fähigkeit, Kulturen zu assimilieren, mit denen die Stadt in Kontakt gekommen ist, und diese dann in Ausdrucksformen zu übertragen, welche die eigene Zeit darstellen. Gio Ponti schrieb über den Charakter Mailands: «Alle Städte sind Städte von Architekten: Doch Mailand ist eine Stadt von modernen Architekten. Das ist das Bild, das bei den Besuchern haftenbleibt; deswegen wird die Stadt auch von Menschen aus allen Teilen der Welt besucht; deswegen besuchen auch Architekten und Designer aus allen Ländern die Büros der Mailänder Architekten.» Und weiter: «Doch die Mailänder Architektur von heute ist außerdem auch (und das ist das Entscheidende) grundsätzlich ‹echt›, weil sie nicht nur das Ergebnis von (hier entstandenen) Kunst-, Kultur- und Technikbewegungen ist, sondern eine Realität der Kräfte darstellt.»[3] Das Bild, das sich aus diesen beiden Zeugnissen ergibt, die so unterschiedlich sind und zeitlich so weit auseinanderliegen, hilft uns zu verstehen, wie sehr die Einfachheit der Gebräuche und die wirtschaftliche Dynamik wesentliche Komponenten eines Denkens waren, um die Moderne zu beeinflussen – und zwar weit über die nationalen Grenzen hinaus. Es ist eine Chorpartitur, die sich aus in Wesen und Sensibilität heterogenen Stimmen zusammensetzt, die jedoch in der Lage ist, eine Gesamtharmonie zu erzeugen und das Gesicht der Stadt zu prägen. Zwei Jahrzehnte nach dem Tod Aldo Rossis, der der letzte Botschafter der Mailänder Baukultur war, zeigt das von Angelo Lunati und Giancarlo Floridi in Mailand gegründete Büro, dass die italienische Architektur wieder ins Zentrum der internationalen Debatte rückt. Es ist ein Verbund, der in einem bereits auf die Verschmelzung der Sprachen ausgerichteten Kontext entstanden ist, wenngleich diese eine wiedergefundene Einfachheit der Ziele und Mittel eint. Das Büro ist gewachsen und hat sich in den Jahren der Wiederentdeckung der sogenannten *gehobenen Professionalität* – insbesondere auf internationaler Ebene – konsolidiert. Wir haben es hier mit einem Phänomen zu tun, das keine Bewegung war und auch

COMING TO TERMS WITH TRADITION

Federico Tranfa

In a polycentric and multicultural nation like Italy, Milan's character is so elusive that one could be forgiven for confusing it, most of the time, with the business that takes place there. In 1905, the American writer Edith Wharton described it as follows: "It is hard to say whether the stock phrase of the stock tourist – 'there is so little to see in Milan' – redounds most to the derision of the speaker or to the glory of Italy. That such a judgment should be possible, even to the least instructed traveller, implies a surfeit of impressions procurable in no other land; since, to the hastiest observation, Milan could hardly seem lacking in interest when compared to any but Italian cities. From comparison with the latter, even, it suffers only on a superficial estimate, for it is rich in all that makes the indigenous beauty of Italy, as opposed to the pseudo-Gothicisms, the trans-Alpine points and pinnacles, which Ruskin taught a submissive generation of art critics to regard as the typical expression of the Italian spirit."[1] Alberto Savinio, who was not Milanese, was able to reveal a hidden peculiarity of Milan: "Such are the domestic features of this city that streets and squares give the feeling of home. They are homeless houses. Piazza Belgioioso is the common vestibule of the eponymous palace and of the Besana building that faces it."[2] What is particularly Milanese is also the ability to assimilate the cultures with which the city has come into contact, translating them into forms of expression as interpreters of their time. Gio Ponti said of the character of Milan: "All cities are cities of architects: but Milan is a city of modern architects. This is the image that remains with visitors and the reason why it is also visited by people from all over the world; this is the reason architects and designers from every country visit the studios of Milan architects." And also: "But architecture in Milan today is also (and this is the important point) basically 'real' because it is not merely the fruit of art, culture and technology movements (brought to life here), but it represents a reality of forces."[3] The portrait that emerges from these two testimonies, so different and distant in time, enables us to grasp how the simplicity of customs and economic dynamism were essential components in a process of thought capable of influencing modernity, far beyond national borders: a choral score, composed of voices heterogeneous in character and sensitivity, yet capable of building overall harmony, and of sculpting the face of the city. Two decades after the death of Aldo Rossi, the last ambassador of Milanese architectural culture, the development of the studio founded in Milan by Angelo Lunati and Giancarlo Floridi can be regarded as a sign that Italian architecture is shifting back towards the centre of international debate. The partnership was born in a context already geared towards the contamination of languages, even if brought together by a newfound simplicity of ends and means. Particularly on an international level, the studio has grown and consolidated in the years of the rediscovery of so-called cultured professionalism. This phenomenon was not a movement, nor an opinion group as much as a common trait among the architects who designed the city in the period between the two great wars, and then in the years of the economic boom. Similarly, freed from the weight of ideology, which in the last century was that of militant rationalism, and

keine Meinungsgruppe, sondern vielmehr ein gemeinsamer Wesenszug der Architektinnen und Architekten, welche die Stadt zwischen den beiden Weltkriegen und dann in den Jahren des Wirtschaftsbooms planten. Ähnlich befreit von der Last der Ideologie, die im vergangenen Jahrhundert die des militanten Rationalismus war, der eher dazu neigte, nach ästhetischen Übereinstimmungen und Ähnlichkeiten zu suchen, schätzen die modernen europäischen Architekturschaffenden des Mailänder Erbes vor allem die Verbindung von Pragmatismus und stilistischer Raffinesse – Charakteristiken, die sich durch den starken Zusammenhang zwischen Kapital und Kultur erklären lassen, der in Mailand, der produktiven Stadt schlechthin, historisch die Schwäche der politischen Macht ausgeglichen hat. Das Scheinwerferlicht auf ein bauliches Erbe zu richten, das noch heute in der Geschichtsschreibung wenig präsent ist, hat ausserdem sowohl in Italien als auch im Ausland den Wunsch befördert, es aus der Nähe zu betrachten, es von Neuem zu dokumentieren und zu publizieren. Das ist ein Umstand, der die Mailänder Architektinnen und Architekten in eine objektiv privilegierte Position versetzt, aber auch von dem Moment an in Verlegenheit gebracht hat, als man sie für die Gründe eines ebenso offenkundigen wie vertuschten Rückgangs verantwortlich gemacht hat. Onsitestudio entstand folglich in einem Umfeld kultureller Unsicherheit und bekundet fast programmatisch den Wunsch, jene Erinnerung wiederzuerlangen und damit Sorgfalt und Achtsamkeit gegenüber der baulichen Qualität zu demonstrieren, gepaart mit dem Willen zum behutsamen Umgang mit bereits Bestehendem. Anders als im Ausland stellt die physische Nähe zu den Referenzmodellen für die Mailänder Architekturschaffenden ein zusätzliches Legitimitätsproblem bei deren Überarbeitung dar. Das ist ein Problem, das sich ferner durch das Fehlen technischer Kompetenzen aufgrund der Rückentwicklung des Bauwesens kompliziert gestaltet, dessen Gewinnmargen stark von dem zwischenzeitlich in eine Vormachtstellung gelangten Immobiliensektor ausgehöhlt wurden. Die Abwendung der Architektinnen und Architekten von der Welt der Technik hat ausserdem eine kulturelle Lücke in einem bereits durch die Wirtschaftskrise geschwächten Sektor verursacht – eine häufig freiwillige Abkehr, die nicht leicht unterbrochen werden kann, da sich das System schnell an das Fehlen der kritischen Stimme der Planenden gewöhnt hat. Wenn ausserdem das Ziel der Moderne traditionell durch eine starke Verschmelzung von Kunst und Wissen verfolgt wurde, scheinen heute alle Ausdrucksformen der Durchdringung und Allgegenwart der Bilder zu unterliegen. Der Versuch, sich in einem solchen Szenario ohne Bezugspunkte zu orientieren, ist ein komplexer Balanceakt, aber auch eine Möglichkeit, über die eigenen kulturellen Wurzeln nachzudenken, ohne die das Entwerfen unvermeidlich seinen Sinn verliert. Das Bekenntnis zur eigenen typisch Mailänder Kultur seitens Onsitestudio wird ohnedies durch die internationalen Beziehungen gestärkt, die das Büro seit seiner Teilnahme 2007 an dem internationalen Wettbewerb zur Erweiterung des Diözesanmuseums in Zusammenarbeit mit Caruso St John Architects pflegen konnte. Im Bewusstsein, dass die europäische Stadt trotz ihrer Widersprüche das Stadtmodell ist, das noch das beste Gleichgewicht zwischen Entwicklung und Zugänglichkeit der Dienstleistungen garantiert, orientiert sich das Büro – auch im akademischen Bereich – hin zu einer Erforschung der Möglichkeiten, wie in bereits gefestigten Umfeldern eingegriffen werden kann. Das Ziel einer grösseren städtischen Dichte, die dank einer insgesamt besseren Nachhaltigkeit möglich ist, bringt ausserdem eine wachsende Aufmerksamkeit gegenüber der Wiederverwendung und Wiederaufbereitung mit sich – zwei Bereiche, in denen die italienische Architektur es verstanden hat, sich eine relative Massgeblichkeit zu bewahren. Diese Gelegenheit beim Schopf zu ergreifen, um die eigenen beruflichen Kompetenzen zu

Museo Diocesano, Mailand (mit Caruso St John Architects), 2007
Museo Diocesano, Milan (with Caruso St John Architects), 2007

therefore more inclined to seek assonances and aesthetic affinities, European architects, contemporaries of the Milanese heritage, above all appreciate the blend of pragmatism and stylistic refinement. These characteristics can be explained by the strong capital-culture that in Milan, a productive city par excellence, has historically compensated for its political weakness. Turning the spotlight on a building heritage that still features little in historiography today has also encouraged, both in Italy and abroad, the desire to observe it closely, to document it and to publish it again. This fact has placed Milanese architects in a position of objective privilege, but also of embarrassment, since they were asked to account for the reasons for a decline that was as evident as it was hidden. Onsitestudio was therefore born into a context of cultural uncertainty and declared, almost programmatically, the desire to regain that memory, showing care and attention for the quality of construction, combined with a desire to relate to those pre-existing structures. Unlike what happens abroad, the physical proximity to reference models poses an additional problem of legitimacy for Milanese architects in their redevelopment. The problem is further complicated by the lack of technical skills caused by the decline in the construction industry, whose profit margins have been heavily eroded by the now dominant real estate sector. The way architects have distanced themselves from the world of technology has also created a cultural vacuum in a sector already weakened by the economic crisis. It is difficult to reverse this often voluntary exile because the system has quickly become accustomed to the absence of the critical voice of designers. Moreover, whereas the goal of modernity was traditionally pursued on the basis of strong cross-pollination between art and knowledge, today all forms of expression seem to succumb to the pervasiveness and omnipresence of images. Trying to find one's way in a scenario deprived of reference points is a complex balancing act, but it is also a way of reflecting on one's cultural roots, in the absence of which planning inevitably loses its meaning. Onsitestudio's claim to its own Milanese identity is, however, supported by the international relations that the studio has been able to cultivate since its participation, in 2007, in the international competition for the extension of the Diocesan Museum, conducted in collaboration with Caruso St John Architects. Aware of how the European city, despite its contradictions, is the urban model that still guarantees the ideal balance between development and accessibility of services, the firm's research – even in the academic field – has been directed towards an exploration of possible ways of intervening in contexts and environments already established. The goal of greater urban density, possible by virtue of better overall sustainability, also governs an increased focus on reuse and regeneration, two areas in which Italian architecture has been able to maintain a position of relative authority. Seizing this opportunity to strengthen its professional skills has been how Onsitestudio has responded to the market demand, without however neglecting the theory and culture of the project. While the signature of what is contemporary is an exasperated personalisation of the concept of authorship, Onsitestudio instead represents an attempt to bring the creative production back to something closer to the idea of a workshop. In *Città, Museo e Architettura* (*City, Museum and Architecture*), the book that Ezio Bonfanti and Marco Porta dedicated to Studio BBPR, they retrace the history of modern Italian architecture, which is also largely Milanese,

Modell Torre Velasca, Italienischer Pavillon, 14. Architekturbiennale Venedig, 2014
Torre Velasca model, Italian Pavilion, 14th Venice Architecture Biennale, 2014

stärken, war das Mittel, mit dem Onsitestudio auf die Nachfrage des Marktes reagiert hat, ohne deshalb die Theorie und Kultur des Entwurfs zu vernachlässigen. Wenngleich der Preis der Modernität eine verschärfte Personalisierung des Begriffs der Autorschaft ist, verkörpert Onsitestudio vielmehr einen Versuch, die schöpferische Produktion auf etwas zurückzuführen, was der Werkstattidee nahesteht. Im Buch *Città, Museo e Architettura*, das Ezio Bonfanti und Marco Porta dem Büro BBPR widmeten, wird die Geschichte der modernen italienischen Architektur zurückverfolgt, die zu einem guten Teil auch die der Mailänder Architektur ist; und bezüglich des Willens, mit der Tradition abzurechnen, finden sich folgende Worte von Rogers: «Die Fremden, die uns von aussen betrachten, haben keine Schwierigkeiten, unseren ursprünglichen Beitrag anzuerkennen, häufig viel besser und grosszügiger als wir unter uns. Nachdem die erste polemische Phase überwunden ist – die vor allem auf Geschmacksfragen basiert –, haben die tiefergehenden kulturellen Beweggründe die Oberhand gewonnen und unsere Architektur auf das ihm eigene Terrain zurückgebracht: nämlich auf das Terrain ihrer Tradition.» BBPR verkörpert mit seinen verschiedenen Komponenten sehr gut die Vielfalt von Interessen und Strategien, welche die Mailänder Architektenschaft in dem epochalen Moment auszudrücken vermochte, in dem ihr Beitrag eine zentrale Stellung in der zeitgenössischen Debatte fand. Für Floridi und Lunati stellt die von Rogers theoretisierte Kontinuität, die das Büro BBPR praktizierte, ein gemeinsames Erbe dar, weil sie Teil der Stadtlandschaft geworden war. Es ist eine Suche nach Kontinuität, welche die Möglichkeit eingehender Betrachtung des Kontextes voraussetzt. Von diesem Blickwinkel aus betrachtet, beeindruckt der Respekt, den das neue Gebäude an der Piazza Duca d'Aosta gegenüber der Bestandsarchitektur von Mario Bacciocchi – einem exzellenten Vertreter seines Berufs – mit grossem Einfühlungsvermögen zum Ausdruck bringt. Es ist ein Respekt, der sich durch die Präzision der Ausrichtung und die Wiederholung der Gesimse in einem historischen Augenblick ausdrückt, in dem auch die Kontinuität eines Simses ein Ziel ist, das Entschlossenheit und Geduld erfordert. Das ist ein nur scheinbar bescheidenes Ziel, das jedoch in Wirklichkeit bei einer Gesamtstrategie des zivilen Wiederaufbaus der Stadt wichtig ist. Für Onsitestudio bedeutet das Abrechnen mit der Tradition, sich aktiv mit dem modernen Erbe auseinanderzusetzen, ohne Ehrfurcht und mit der Bescheidenheit eines Menschen, der davon überzeugt ist, dass der Wissenstransfer in der Architektur keine

Hotel an der Piazza Duca d'Aosta, Modell
Hotel in Duca d'Aosta square, model

Wettbewerb Masterplan Piazza Castello, Mailand, 2015
Proposal for Piazza Castello master plan, Milan, 2015

and, with respect to wanting to come to terms with tradition, we find the following words from Rogers: “Foreigners, looking at us from the outside, have no difficulty in recognising our original contribution, often much better and more generously than we do among ourselves. Once you get past the first controversial phase – based more on questions of taste – the most profound cultural motifs have had the upper hand, bringing our architecture back to the terrain that is its own: the terrain of its tradition.” BBPR, in its various components, excellently represents the plurality of interests and strategies that Milanese architects were able to express in the historical moment in which their contribution took on a central position in contemporary debate. For Floridi and Lunati, the continuity that Rogers theorised on, and that the BBPR studio practised, represents a shared legacy, because it has become part of the urban landscape. It is a search for continuity that presupposes the ability to observe and study the context. From this point of view, what is striking is the respect expressed by the new building in Piazza Duca d’Aosta vis-à-vis the existing architecture designed by Mario Bacciocchi, an excellent professional, not lacking in sensitivity. This respect is expressed through the precision of the alignments and the promotions of mouldings in a historical moment in which even the continuity of a cornice is a goal that requires determination and patience. The objective is only apparently modest, but quite important in an overall strategy of civil reconstruction of the city. For Onsitestudio, coming to terms with tradition means actively engaging with modern heritage, without reverential fears and with the humility of those who are convinced that in architecture, the transfer of knowledge does not provide a solution of continuity. When the studio was given the opportunity to express some large-scale thoughts on Milan, as it did during the design competition for the layout of Piazza Castello and the surrounding areas, it did so by establishing an original strategy, involving an enlarged design team and developing a visual language that lived up to the ambitions of the project. Unfortunately, the now anachronistic contrast between academic architecture and professionalism still fuels a clear separation between those who consider themselves the custodians of culture and those who pursue the consensus of the production sector.

Modell Kulturzentrum BASE, Mailand
BASE cultural centre maquette, Milan

Kontinuitätslösung vorsieht. Als das Büro ein umfassendes Konzept zu Mailand entwickeln konnte, wie es anlässlich des Ideenwettbewerbs zur Gestaltung der Piazza Castello und der angrenzenden Gebiete der Fall war, setzte es eine originelle Strategie um, an der eine grössere Planungsgruppe beteiligt war und bei der es eine visuelle Sprache erarbeitete, die den Ambitionen des Projekts gerecht wurde. Leider nährt der nunmehr anachronistische Gegensatz zwischen akademischer Architektur und Professionalität noch heute eine offenkundige Trennung zwischen jenen, die sich als Hüterinnen und Hüter der Kultur wähnen, und jenen, die den Konsens des Produktionssektors verfolgen. Onsitestudio müsste dieser Logik zufolge als ketzerisch betrachtet werden, weil sich das Büro sowohl mit der Forschung beschäftigt als auch um wichtige Aufträge bemüht. Beim Entwurf von BASE zum Beispiel widerlegt die architektonische Umsetzung der Wiederverwendung von Büros und Laboren des ehemaligen Ansaldo-Werkes eine Reihe von Klischees und zeigt, wie ein unternehmerisches Projekt die Gemeinschaftlichkeit fördern kann – und wie entscheidend die Architektur ist, um einen Ort zum Ausdruck der eigenen Zeit zu machen. Eine andere Charakteristik, welche die inklusive Haltung des Büros kennzeichnet, ist die Fähigkeit zum Dialog mit Kolleginnen und Kollegen, die ebenso stark ist wie der Wunsch, einer Gemeinschaft anzugehören. Von diesem Gesichtspunkt aus müsste herausgestellt werden, dass die Architektengeneration, zu der Giancarlo Floridi und Angelo Lunati zählen – Gleiches gilt jedoch auch für die unmittelbar vorangehende Generation –, Gefahr läuft, eine Phantomgeneration zu sein, was das Entwickeln ihrer Gedanken anbelangt. Auf diese Verurteilung zur intellektuellen Irrelevanz wussten nur wenige Planende zu reagieren, und noch weniger wollten dies durch eine kollektive Reflexion tun. Von der Berichterstattung vernachlässigt und niemals hinlänglich reif, um sich die Ehren der Kritik zu verdienen, haben diese beiden Architekten indes eine originelle Forschung und einige massgebliche Werke hervorgebracht. Da es nicht möglich ist, sich eine europäische Architektur ohne italienische Beteiligung vorzustellen, ist es wünschenswert, dass innerhalb und ausserhalb des Landes möglichst schnell die Bedingungen dafür reifen, eine Lücke zu füllen, deren Ursprünge eine eingehende Untersuchung verdienten. Wie die Geschichte hinlänglich gezeigt hat, werden nur durch den Konflikt der Ideen, jedoch in der Kontinuität des Wissens die Voraussetzungen für einen wirklichen Fortschritt des Denkens geschaffen.

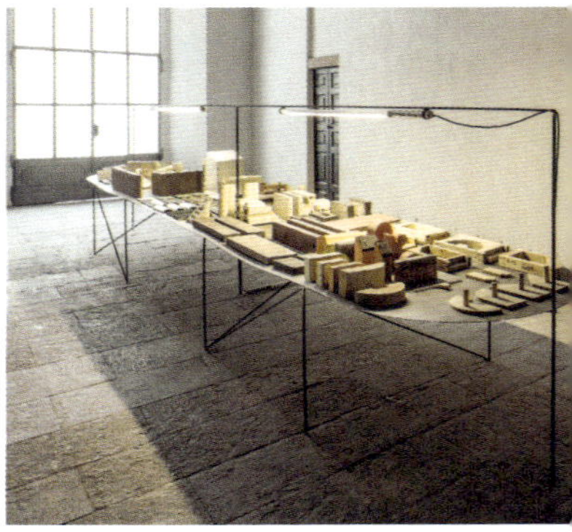

Honour Imperfection as a hidden intention, XXI Triennale Esposizione internazionale Milano, Accademia di Brera, 2016

"Honour imperfection as a hidden intention", XXI Triennale Esposizione internazionale Milano, Accademia di Brera, 2016

[1] Edith Wharton (1862–1937). Die amerikanische Schriftstellerin reiste mehrmals nach Italien, wo sie auch Ausflüge mit dem Auto unternahm. Hier siedelte sie einige Romane und Erzählungen an. Über ihre Aufenthalte in Italien schrieb sie in *Italian Villas and their Gardens* (1904) und *Italian Background* (1905); das Zitat stammt aus *Italian Background*, hier zit. nach: Edith Wharton: Italien. Reisebilder. Aus dem Englischen von Gerlinde Völker. Frankfurt am Main / Leipzig 2001, S. 141 (Kapitel «Malerisches Mailand»).

[2] Alberto Savinio: «Der verletzte Riese». In: Alberto Savinio: Stadt, ich lausche deinem Herzen. Aus dem Italienischen von Karin Fleischanderl: Frankfurt am Main 1989, S. 203–213, hier: S. 203.

[3] Auszug aus: Gio Ponti: Milano oggi. Mailand 1958.

Onsitestudio, based on this logic, should be considered a heretical being because it is engaged both in research and in obtaining relevant assignments. In the design of the BASE, for example, the architectural transposition of the re-use programme for the offices and laboratories of the former Ansaldo plant breaks down a number of clichés and shows how an entrepreneurial project can promote sociability, as well as how architecture is key in making a place an interpreter of its own time. Another feature that highlights the firm's inclusive attitude is its dialogue with colleagues, which is likewise backed by the desire to belong to a community. From this point of view, it should be noted how the generation of architects to which Giancarlo Floridi and Angelo Lunati belong is likely to be a ghost generation from the perspective of thought processing (though the same applies to the preceding generation). Few designers have been able to react to being condemned to intellectual irrelevance, and even fewer have wanted to do so through collective reflection. Ignored by the press and never mature enough to deserve critical acclaim, some of these architects have instead come up with original research and some significant works. One cannot imagine European architecture without an Italian contribution, so we need conditions to emerge, as soon as possible, both inside and outside the country, that fill a void whose origins deserve in-depth investigation. As history has amply demonstrated, it is only through the conflict of ideas, but also in the continuity of knowledge, that the conditions for forward thinking are created.

[1] Edith Wharton (1862–1937). The American writer travelled to Italy several t mes, also making excursions by car. She set some novels and short stories there and wrote about her time in Italy in *Italian Villas and their Gardens* (1904) and *Italian Background* (1905).
[2] Alberto Savinio, "L'omenone ferito", in: *Ascolto il tuo cuore, città*, Adeplhi, Milano, 1984.
[3] Text published in: *Milano oggi*, published by Milano Moderna, 1958.

HOTELBAU, PIAZZA DUCA D'AOSTA, MAILAND

Das Gebäudevolumen umfasst einen 1953 von Mario Bacciocchi entworfenen städtischen Block zwischen der Via Vitruvio und der Via Torriani. Seine Hauptfassade ist zur Piazza Duca d'Aosta ausgerichtet. Der Baukörper respektiert die Silhouette der vorherigen Struktur und stellt eine gewisse Kontinuität zu den übrigen Elementen der Blockrandbebauung her. Insgesamt folgen die Proportionen dem nüchternen, massiven und regelmässigen Charakter von Bacciocchis Architektur, wenngleich hier nun vorgefertigte Betonteile statt ehemals Klinker zum Einsatz kamen. Auf diese Weise avanciert das Hotel zu einem Stück Architektur, das im Einklang mit dem modernen Erbe der Stadt steht, welches sich insbesondere im schlanken, kristallinen Volumen des Pirelli-Turms und der überladenen Masse des angrenzenden Hauptbahnhofs manifestiert. Schlüsselelemente dieses Projekts sind die Arkade sowie der Fassadenrahmen, dessen vertikale Elemente eine sanfte Aufwärtsbewegung suggerieren und dessen Muster direkt mit der zugrundeliegenden Tragstruktur verbunden ist. Durch sorgfältiges Studium und Vermessung des früheren Gebäudes wurden Rhythmus und Tiefe der Fassadenkomponenten auf die bereits vorhandenen Elemente abgestimmt. Um dem monumentalen Massstab des Platzes adäquat zu begegnen, wurde das vertikale Modul über zwei Geschossebenen verdoppelt und die einzelnen Fenster reichen nun über die volle Raumhöhe. Dadurch ergab sich die Möglichkeit grösserer Glasflächen, die dem Gebäude mehr Transparenz und Atmosphäre verleihen, ohne aber die Einheit des Blocks zu stören.

HOTEL BUILDING, PIAZZA DUCA D'AOSTA, MILAN

The building fills out an urban block that was designed by Mario Bacciocchi in 1953 and spans from Via Vitruvio to Via Torriani, with its main front facing Piazza Duca d'Aosta. Its volume respects the silhouette of an earlier structure, establishing a relationship of continuity with the remaining elements in the block. Overall, the proportions follow the sober, massive and regular character of Bacciocchi's architecture, albeit in prefabricated concrete rather than the original material, clinker brick. In this way, the hotel aims to be a piece of architecture that is *in tune* with the modern memory of the city, especially as expressed by the slender, crystalline volume of the Pirelli Tower and the overloaded mass of the adjacent Central Station. The key elements of the project are the façade frame, the gentle upward tapering of the vertical elements, conceived as a pattern directly connected to the load-bearing structure beneath it, and the arcade. Through careful study and measurement of the earlier building, the rhythm and depth of the components of the façade were matched with the existing elements. At the same time, in order to define a better relationship with the monumental scale of the square, the vertical module was doubled and the size of the windows were extended from the floor to the ceiling. This process also resulted in larger glazed surfaces that allow the building to be more transparent and atmospheric without disrupting the unity of the block.

Ausführung: 2014–2015
Wettbewerb: 2013
Bauherrschaft: Reale Immobili SpA
Entwurfsteam: Angelo Lunati und Giancarlo Floridi mit Chiara Molinari (Projektarchitektin), Federico Bettazzi, Tommaso Brambati, Francesco Marilli, Michele Miserotti, Andrea Morstabilini, Giulia Pagliara, Luca Penucchi, Federico Rosson, Sebastian Sanchez, Orianne Biche Scourzic, Samuel Silva, Maja Tanevska, Christina Tsompanoglou
Statik: Redesco
Gebäudetechnik: Studio Massacesi

Design and construction: 2014–2015
Competition: 2013
Client: Reale Immobili SpA
Design team: Angelo Lunati and Giancarlo Floridi with Chiara Molinari (project architect), Federico Bettazzi, Tommaso Brambati, Francesco Marilli, Michele Miserotti, Andrea Morstabilini, Giulia Pagliara, Luca Penucchi, Federico Rosson, Sebastian Sanchez, Orianne Biche Scourzic, Samuel Silva, Maja Tanevska, Christina Tsompanoglou
Structural design: Redesco
Technical systems: Studio Massacesi

Links: Piazza Duca d'Aosta; Foto: Vincenzo Castella
Rechts: Modell

Left: Piazza Duca d'Aosta, photo by Vincenzo Castella
Right: Model

RE/MAX
Gioia
RE/MAX
Gioia

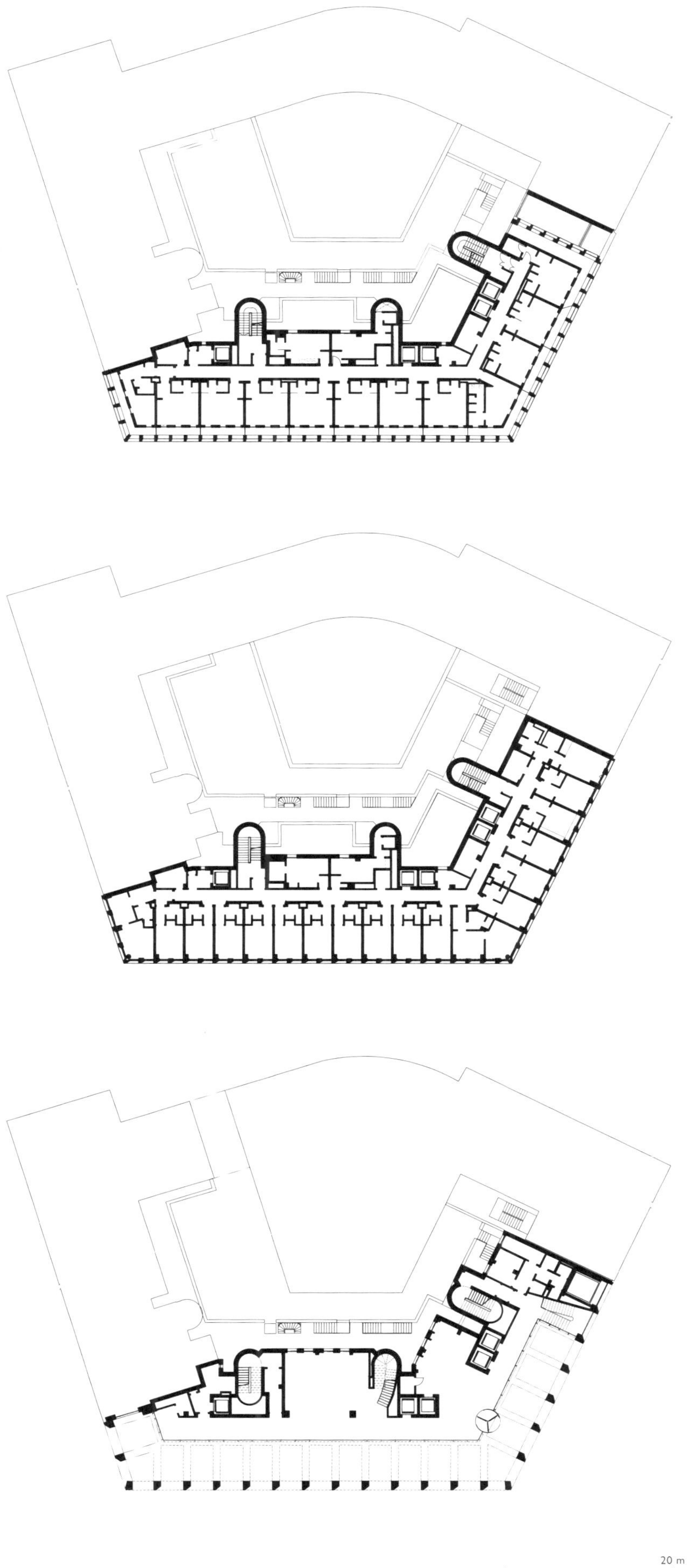
20 m

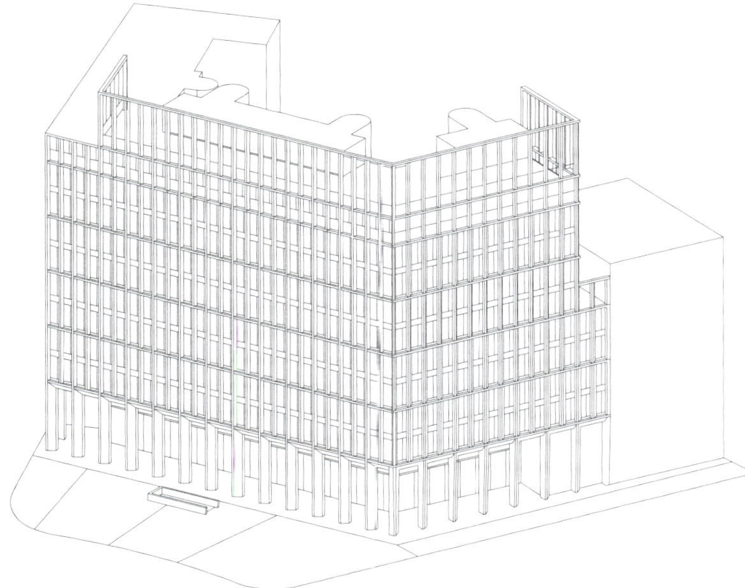

TRAININGSZENTRUM US SASSUOLO, SASSUOLO

US SASSUOLO TRAINING CENTRE, SASSUOLO

Der Kerngedanke dieses Projekts ist auf die Natur vor Ort zurückzuführen: eine flache Agrarlandschaft, die ein langes Gebäude nahelegte, das einem *decumanus* gleich an den bewirtschafteten Feldern ausgerichtet ist. Das Gebäudeprogramm sieht drei Funktionsbereiche vor: für die Trainingseinheiten der ersten Mannschaft; für die verschiedenen Nachwuchsteams und für die Managementbüros. Diese Gliederung spiegelt sich in der Morphologie des Gebäudes wider, das drei oberirdische Stockwerke von abnehmender Breite aufweist. Neben Umkleidekabinen, Turnhallen und physiotherapeutischen Bereichen umfassen die Trainingseinrichtungen auch Räume für die Trainer- und Ärzteschaft. Im Untergeschoss befinden sich Umkleideräume für die Gastmannschaft sowie Technik- und Lagerräume. Das Trainingszentrum erstreckt sich zwischen den Fussballfeldern, nimmt deren Länge auf und avanciert zu einem Wahrzeichen. Im Schnitt evoziert es die Staffelung eines Kirchenschiffs, eine Stadiontribüne oder eine länglichen *barchessa* in der emilianischen Landschaft. Das mit dunkelgrauen Ziegeln verkleidete Gebäude strebt nach einer ruhigen Präsenz – es vermittelt ein Gefühl, als stünde die Zeit still – und zitiert den Charakter traditioneller funktionaler Architektur. Trotz dieses Understatements erzeugen die Autonomie und Symmetrie der Form eine Art mehrdeutige Monumentalität, die dem Status einer erfolgreichen Fussballmannschaft entspricht. Dem Übergang zwischen Innen und Aussen wurde sowohl im Bereich des Haupteingangs als auch des südöstlich gelegenen Eingangs der ersten Mannschaft grosse Aufmerksamkeit geschenkt. Das Augenmerk lag zudem auf der visuellen Beziehung zur umgebenden Landschaft auf verschiedenen Höhen und durch die Tiefe der Wände.

The main idea for this project came from the nature of the place – a flat agricultural landscape, which suggested a long building orientated like a *decumanus* towards the same direction as the cultivated fields. The building's programme consists of three functional areas: service spaces for the first team's training sessions, areas devoted to the various junior teams, and management offices. This articulation is reflected in the morphology of the structure, with three above-ground floors of decreasing width. In addition to changing rooms, gyms and physiotherapy areas, the training facilities include dedicated spaces for coaches and doctors. The basement houses changing rooms for the visiting team and technical and storage spaces. The training centre stretches between football fields, taking on their length and becoming a landmark. Its section recalls the stepping of nave buildings, a grandstand, or a long *barchessa* laid on the ground of the Emilian countryside. Clad in dark grey bricks, the building aims for a quiet presence that conveys a feeling of suspended time and quotes the character of traditional functional architecture. Despite its understatement, the autonomy and symmetry of the form produce a kind of ambiguous monumentality befitting the status of a major league football team. Great attention was paid to the transition between interior and exterior spaces, both for the main entrance area and the first-team entrance in the southeast portico, as well as to the visual relationship with the surrounding landscape, as experienced at different heights and through the depth of the walls.

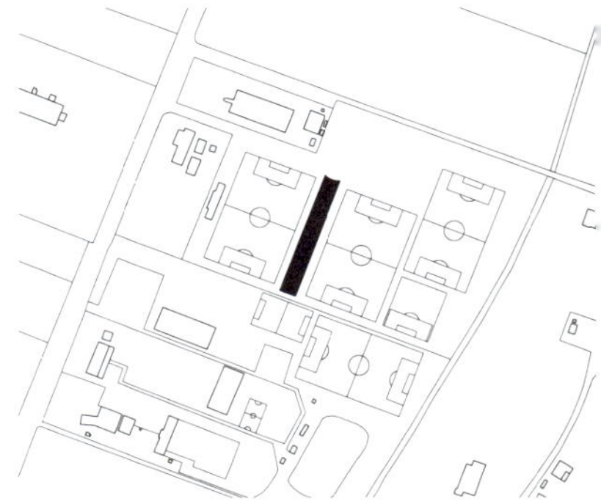

Entwurf und Ausführung: 2017–2019
Wettbewerb: 2016
Bauherrschaft: US Sassuolo Calcio
Entwurfsteam: Angelo Lunati und Giancarlo Floridi mit Cesare Galligani (Projektarchitekt), Nicolò de Paoli, Marco Fancelli, Veronica Lazzaro, Davide Macchi, Pietro Manazza, Michele Miserotti, Paolo Volpetti
Statik: Mailand Ingegneria srl
Gebäudetechnik: Deerns Italia
Landschaftsarchitektur: Studio Giorgetta
Backstein-Fassadenkonstruktion: S. Anselmo
Fenster/Verglasung: Schüco

Design and construction: 2017–2019
Competition: 2016
Client: US Sassuolo Calcio
Design team: Angelo Lunati and Giancarlo Floridi with Cesare Galligani (project architect), Nicolò de Paoli, Marco Fancelli, Veronica Lazzaro, Davide Macchi, Pietro Manazza, Michele Miserotti, Paolo Volpetti
Structural design: Milan Ingegneria srl
Technical systems: Deerns Italia
Landscape design: Studio Giorgetta
Brick façade construction: S. Anselmo
Windows and glazing systems: Schüco

Links: Basilika San Petronio, Bologna
Rechts: Luigi Ghirri, italienische Landschaft, Cittanova di Modena, 1985

Left: San Petronio Cathedral, Bologna
Right: Luigi Ghirri, Italian Landscape, Cittanova di Modena, 1985

MAPEI
FOOTBALL CENTER
U.S. SASSUOLO

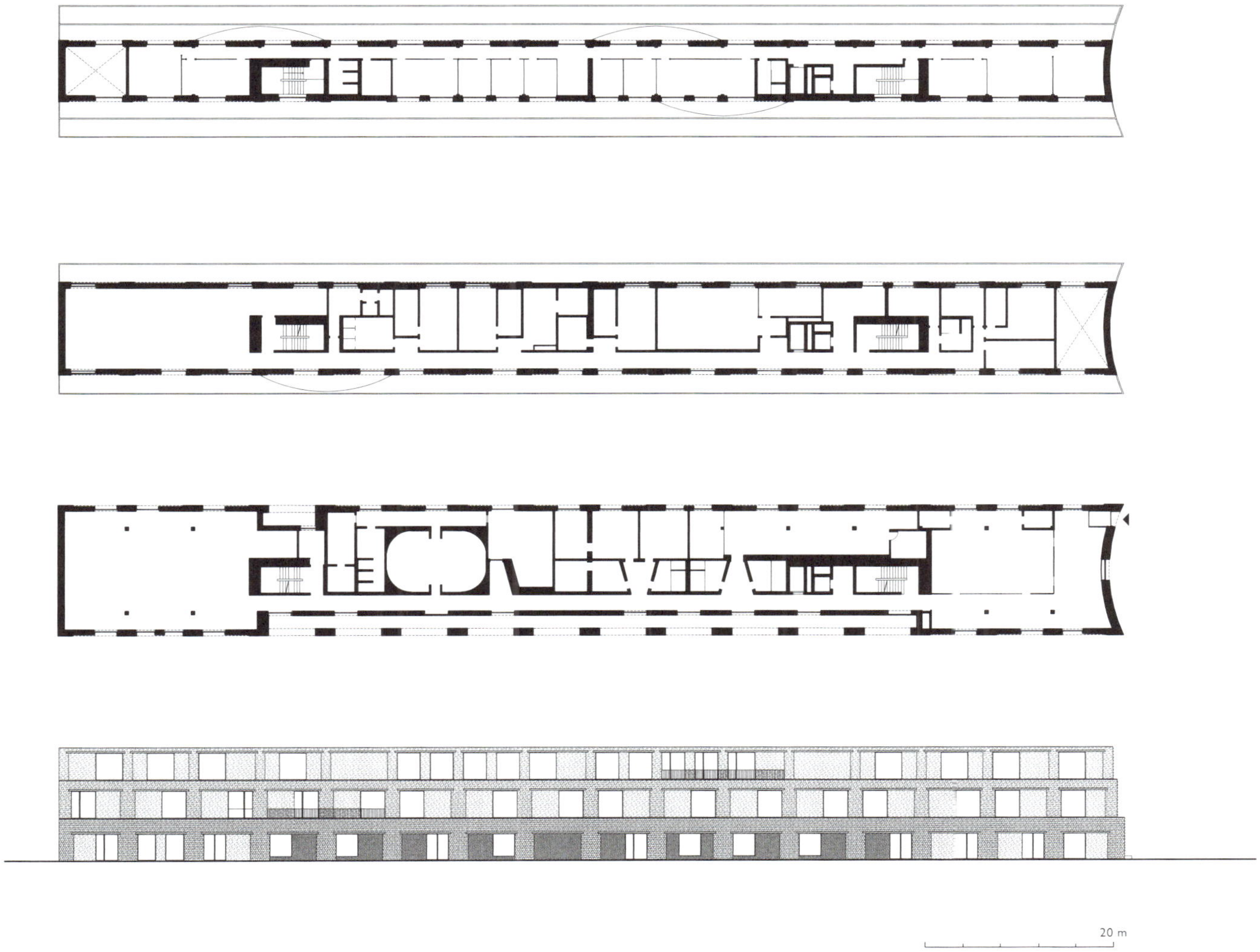
20 m

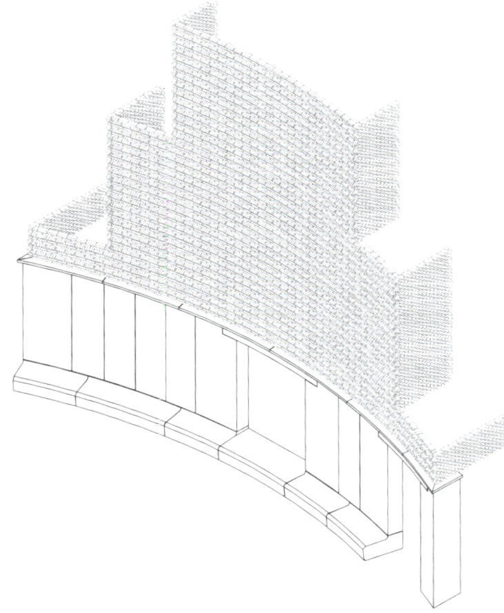

MAPEI
FOOTBALL CENTER

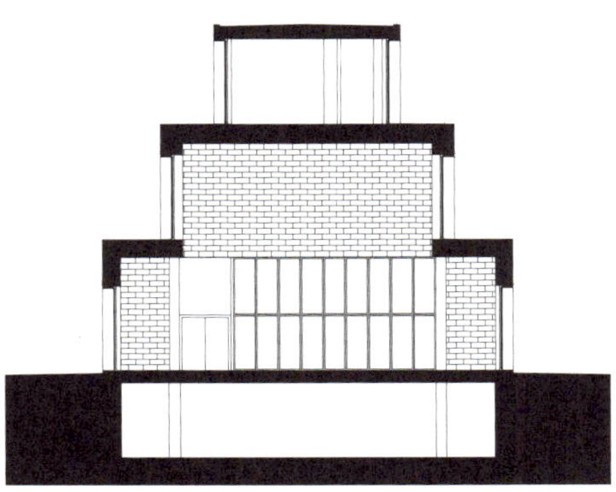

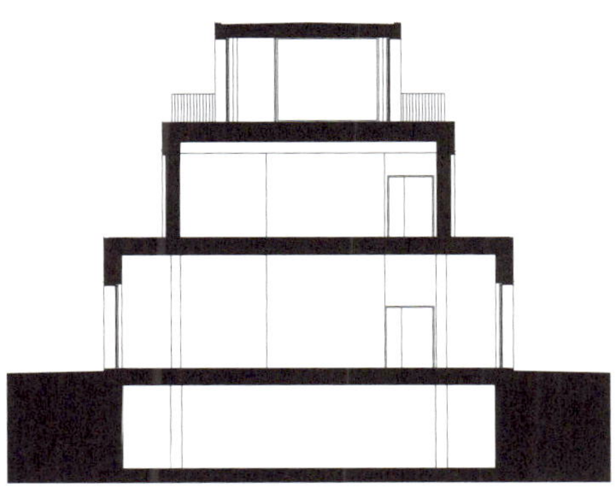

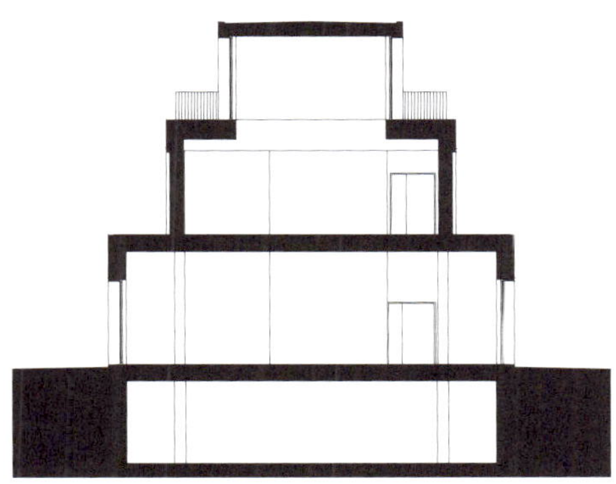

BASE CULTURAL CENTRE, MILAN

Das Kulturzentrum BASE Milano ist ein multifunktionaler Archipel, eine Mailänder «Vergnügungsmeile» im äusseren Bereich des ehemaligen Ansaldo-Industriegeländes, das einst jenseits des Stadtzentrums lag, heute aber vollständig in das Stadtgefüge integriert ist. Das Projekt ist zwar in einer bestehenden Struktur verborgen, aufgrund seiner schieren Grösse kann es aber nicht lediglich als Innenraum betrachtet werden. Der Schwerpunkt der Intervention liegt darauf, Beziehungen herzustellen zwischen einer grossen, leeren Industriehalle und einer Ansammlung neuer Dienstleistungen und Einrichtungen, die zum Teil als eigenständige Volumen ausformuliert sind. Konzert- und Ausstellungsräume, Bars, Restaurants, Büros, Werkstätten und ein B&B stapeln sich über die vier Stockwerke und erstrecken sich über die eher ungewöhnliche Länge und doppelte Breite des Gebäudes. Diese Funktionen, sorgsam im vorgegebenen Raumvolumen angeordnet, erzeugen eine mikro-urbane, stadtähnliche Umgebung mit kleinen und grossen Plätzen, Strassen und Passagen. Die neuen Baukörper, mit dunklen Backsteinmauern im Erdgeschoss und hellen Holzrahmen in den Obergeschossen, wirken wie Gebäude, ihre Fassaden und Dächer verleihen ihnen einen individuellen Charakter. Das Projekt nährt sich aus dem Spannungsverhältnis zwischen Behälter und Inhalt, aber auch aus der wechselhaften Nutzerpräsenz: Die Menschen geben dem Ort einen Massstab, die Besucherflüsse markieren Tag und Nacht.

BASE Milano is an archipelago of different functions, a Milanese *Fun Palace* hosted within the outer ring of the former Ansaldo industrial building, which once lay outside the city centre, but is now completely absorbed into the urban fabric. While the project is concealed inside an existing structure, its scale means it cannot be considered as simply an interior. The focus of the intervention is on establishing relationships between a large, empty industrial space and a constellation of new services and facilities, some of them shaped as independent volumes. Concert and exhibition spaces, bars, restaurants, offices, workshops and a b&b are stacked over four storeys and stretched along the rather unusual length, as well as the repeated width of the building. These functions, carefully arranged in the given space, work together to create a micro-urban setting with city-like small and large plazas, streets and passages. The new volumes, made of dark brick masonry on the ground floor and bright wooden frames on the upper floors, act like buildings, their façades and roofs helping to give them an individual character. The project feeds on the tension between container and contents, but also on the unpredictable presence of the crowd: the movement of people gives a scale to the place and marks the hours of night and day.

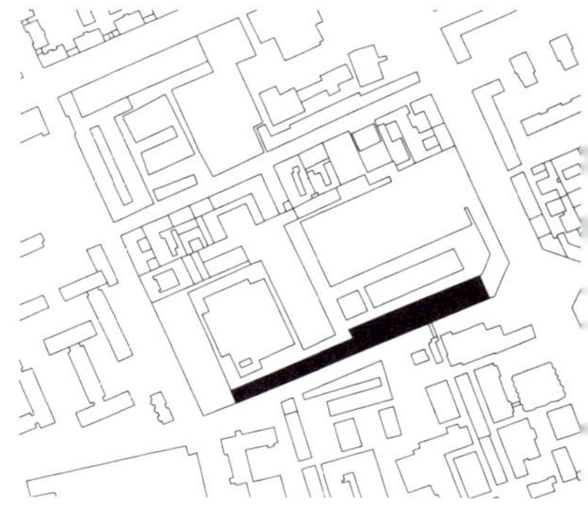

Entwurf und Ausführung: 2014–2020
Bauherrschaft: Arci Milano, Avanzi, esterni, h+, Make a Cube
Entwurfsteam: Angelo Lunati und Giancarlo Floridi mit Tommaso Brambati (Projektarchitekt), Octavian Catlabuga, Filippo Fagioli, Andrea Fossati, Nikolas Jelenkovic, Jacopo Lamura, Pietro Manazza, Simone Marmori, Michele Miserotti, Chiara Molinari, Silvia Moretti, Andrea Morstabilini, Lorenza Odorizzi, Sebastian Sanchez, Anna Savoia, Carlotta Torsiglieri, Julyia Yarosh
Statik: Redesco
Gebäudetechnik: Deerns Italia

Design and construction: 2014–2020
Clients: Arci Milano, Avanzi, esterni, h+, Make a Cube
Design team: Angelo Lunati and Giancarlo Floridi with Tommaso Brambati (project architect), Octavian Catlabuga, Filippo Fagioli, Andrea Fossati, Nikola Jelenkovic, Jacopo Lamura, Pietro Manazza, Simone Marmori, Michele Miserotti, Chiara Molinari, Silvia Moretti, Andrea Morstabilini, Lorenza Odorizzi, Sebastian Sanchez, Anna Savoia, Carlotta Torsiglieri, Julyia Yarosh
Structural design: Redesco
Technical systems: Deerns Italia

Links: Übersicht ehemaliges Ansaldo-Areal
Rechts: Modellstudie

Left: Overview of the former Ansaldo area
Right: Study models

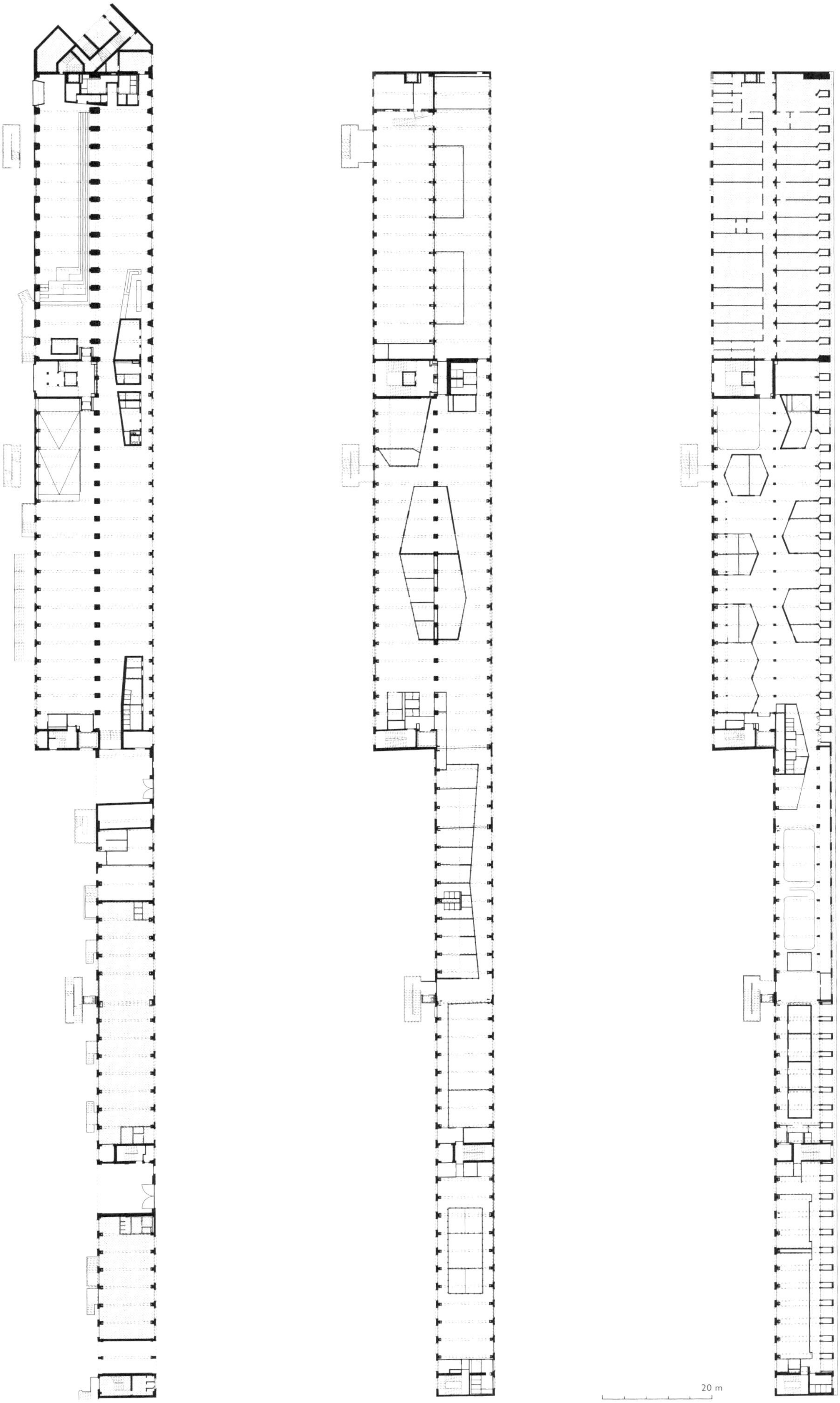
20 m

Das neue Gebäude befindet sich nördlich von Mailand, im Herzen des alten Pirelli-Firmengeländes in Bicocca, das seit 1984 eine sukzessive Umwandlung erfahren hat. Die Grundlage dafür bildete der Masterplan von Vittorio Gregotti – sein Vorschlag war siegreich aus einem internationalen Wettbewerb hervorgegangen. Einst Produktionszentrum für Leitungen, Kabel und Reifen, ist Bicocca heute eine Stadt, die nicht nur Wohnhäuser und Büros, sondern auch ein Opernhaus und eine Universität umfasst. Zur Strasse hin präsentiert sich das neue Gebäude als kompakter und dichter Organismus. Auf der gegenüberliegenden Seite öffnen sich das Lernzentrum und die Kantine zur Gartenlandschaft der Bicocca degli Arcimboldi, einem historischen Herrenhaus, das nach dem Zweiten Weltkrieg von Piero Portaluppi renoviert wurde. Das Gebäude strebt hier zum Park hin und erstreckt sich in ein flaches Volumen, das von einer grünen Terrasse gedeckt ist. Die doppelte Ausrichtung des Gebäudes manifestiert sich auch auf der Strassenebene: mit einer Ost-West-Verbindung, die die Eingangshalle mit dem Pirelli-Campus verbindet; und der in nord-südlicher Richtung orientierten «Strasse des Lernens». Diese Sequenz unterschiedlichster Funktionsbereiche umfasst doppelhohe Pausenräume, einen Wintergarten, Besprechungsräume und einen Hörsaal, der bei Bedarf zu Büroflächen umgenutzt werden kann. Das sowohl in der Textur als auch in der Form der Fertigteilelemente präsente Ornament erinnert einerseits an die gepflegte visuelle Kultur der Pirelli Werbebilder, andererseits an die Renaissancedekoration der Fenster Bicoccas.

This new corporate building is located north of Milan, in the heart of the old Pirelli plant in Bicocca, an area that has slowly been transformed since 1984 in accordance with Vittorio Gregotti's master plan, the winning proposal in an international competition. Once a manufacturing hub, Bicocca is today a new town that supports not just housing and offices, but also an opera house and a university on land formerly devoted to the production of tyres and cables. Parallel to the street, the new building presents itself as a compact and dense organism. On the opposite side, the Learning Centre and the canteen open up to the landscaped grounds of Bicocca degli Arcimboldi, a historical mansion house that was refurbished by Piero Portaluppi after the Second World War. Here, the building reaches towards the presence of the park, expanding into a low volume topped by a green terrace. The building's double orientation is also expressed at the level of the street, with an east–west connection linking the entrance hall with the Pirelli Campus, and the north–south organisation of the "Learning Street". A rich sequence of functions encompasses double-height break rooms, a winter garden, meeting rooms and a lecture hall that can be converted in future into office space if required. Ornamentation, which is present both in the textures and the form of the precast elements, recalls on the one hand the refined visual culture of Pirelli advertising images, and on the other the Renaissance window decoration of the Bicocca.

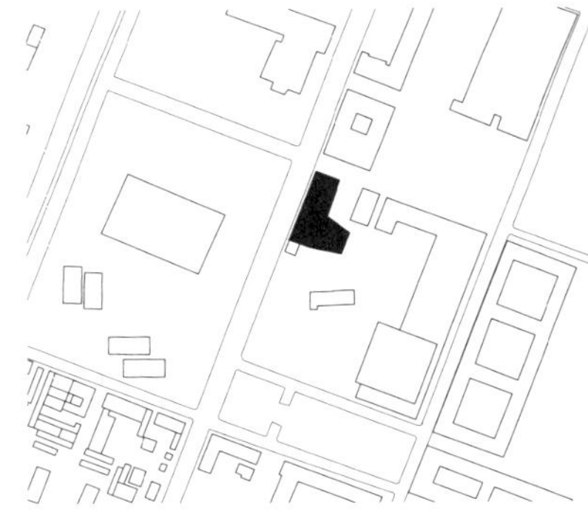

Entwurf und Realisierung: 2017–2020
Wettbewerb: 2016
Bauherrschaft: Pirelli & C SpA
Entwurfsteam: Angelo Lunati und Giancarlo Floridi mit Michele Miserotti (Projektarchitekt), Filippo Cattapan, Leonardo Chironi, Nicola De Paoli, Emilio Ellena, Filippo Fagioli, Francesca Fantini, Jo Fonti, Luca Gallizioli, Davide Macchi, Gianpietro Manazza, Ilaria Pisoni, Sebastian Sanchez
Bauplanung und -überwachung: SCE Projects
Sicherheitssysteme: Soluzioni
Bautechnik: Deerns Italia
Landschaftsarchitektur: Studio Giorgetta
Generalunternehmer: Carron
Fassadensystem aus Beton: Styl-Comp
Fenster/Verglasung: Schüco
Akustik: Slalom

Design and construction: 2017–2020
Competition: 2016
Customer: Pirelli & C SpA
Design team: Angelo Lunati and Giancarlo Floridi with Michele Miserotti (project architect), Filippo Cattapan, Leonardo Chironi, Nicola De Paoli, Emilio Ellena, Filippo Fagioli, Francesca Fantini, Jo Fonti, Luca Gallizioli, Davide Macchi, Gianpietro Manazza, Ilaria Pisoni, Sebastian Sanchez
Structural planning and construction supervision: SCE Projects
Security systems: Soluzioni
Technical systems: Deerns Italia
Landscape design: Studio Giorgetta
General contractor: Carron
Precast concrete façade system: Styl-Comp
Windows and glazing systems: Schüco
Acoustic systems: Slalom

Links: neue Eingangstür, Piero Portaluppi, Bicocca degli Arcimboldi, Mailand
Rechts: Pirelli Stand beim Turiner Autosalon, 1957

Left: Piero Portaluppi new entrance door at Bicocca degli Arcimboldi, Milan
Right: Pirelli stand at the Turin Motor Show, 1957

CARD
ARCH
ALVI
NIC
OH
ANT
GVI
ANI
GVI
FIL
GVI
FIL
ARCH
ARC
ARC
ARC

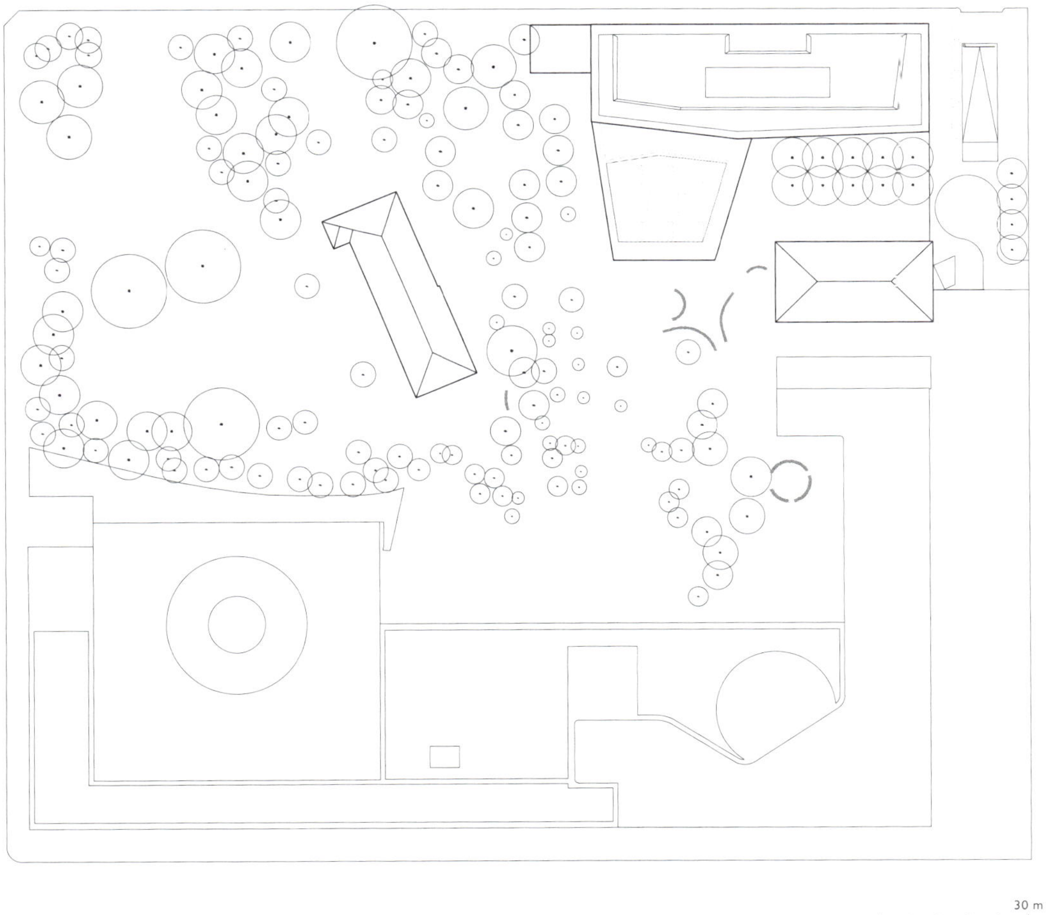
30 m

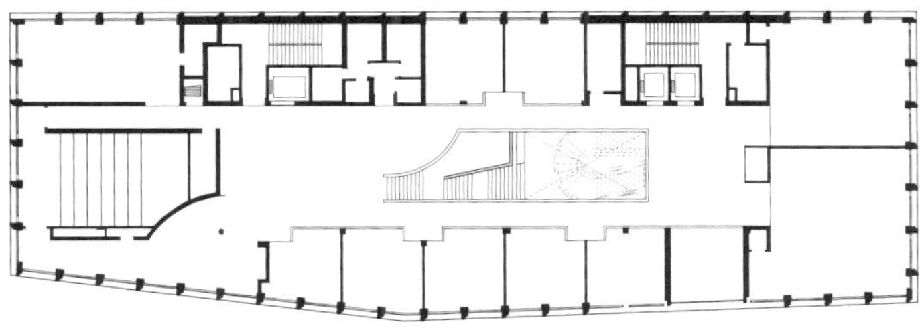

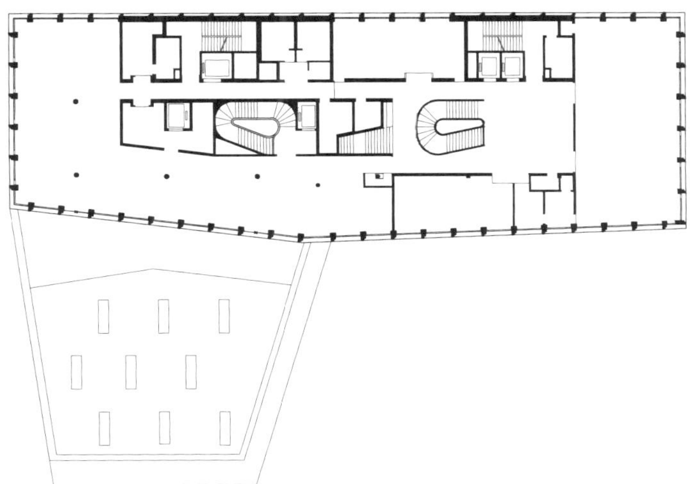

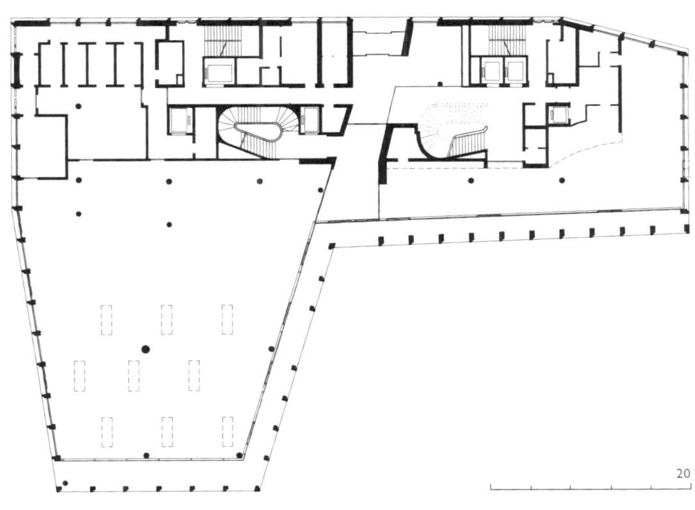
20 m

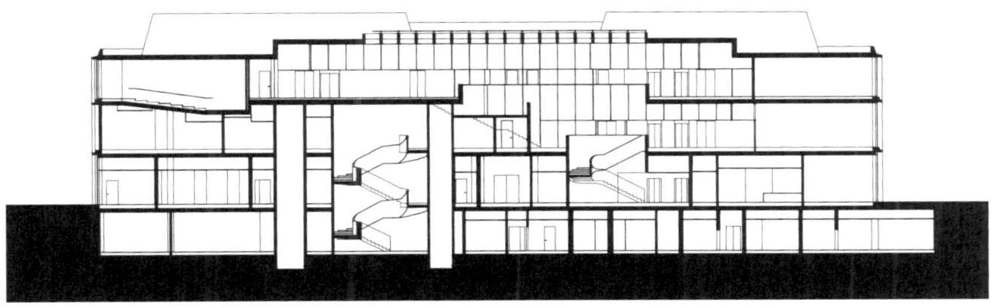

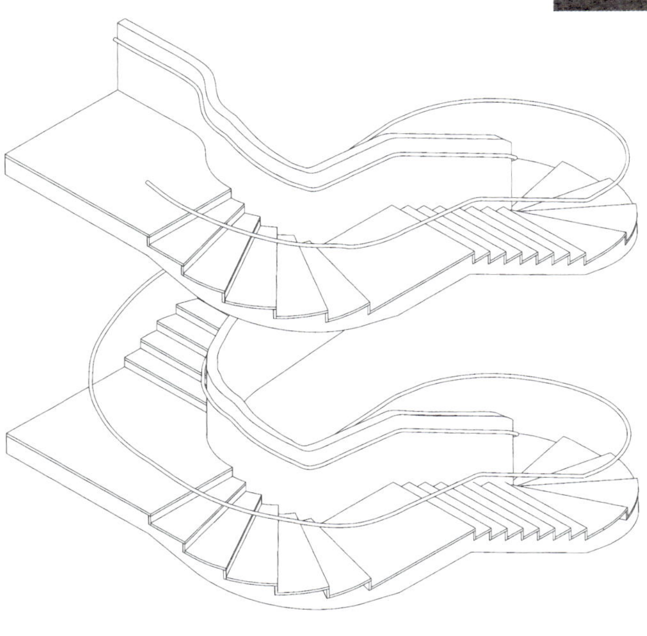

RENOVIERUNG FIRMENGEBÄUDE
ROLEX ITALIA, MAILAND

ROLEX ITALIA BUILDING RENOVATION, MILAN

Diese sorgsame Renovation zielt darauf ab, die räumlichen Qualitäten eines bereits hervorragenden Gebäudes aus dem 19. Jahrhundert in der Nähe des Teatro alla Scala im Herzen Mailands herauszuarbeiten. Das Gebäude, dessen Fassaden von Giuseppe Sommaruga entworfen wurden, einem der Hauptvertreter des Mailänder Liberty-Stils, wurde durch die Bombardierungen im Zweiten Weltkrieg massiv zerstört. Ein für die historische Stadtstruktur typischer Innenhof avancierte – im Sinne einer Aufwertung dieses zentralen Leerraumes – zum architektonischen Hauptelement. Die «Entmaterialisierung» der Innenfassaden ermöglicht einen natürlichen Lichtfluss ins Innere, während die Optimierung der Verkehrsflüsse rund um den Hof und die Planung eines neuen Aufzug- und Treppenschachts die Grundfläche vergrösserte und damit den Immobilienwert erhöhte. Die hinzugewonnene Transparenz und Flexibilität verändern die Wahrnehmung des Gebäudes dramatisch. Massivität und Leichtigkeit verbinden sich hier zu einem neuen, effektiveren Ganzen, das hochwertige Arbeitsräume und maximalen Komfort bietet. Die Werte der Bauherrschaft – Raffinesse, Genauigkeit und Diskretion – aufgreifend, präsentiert sich das Gebäude zur Stadt hin in einer neoklassizistischen Ästhetik. Dennoch lag der Schwerpunkt auf Energieeinsparung und Nachhaltigkeit, wofür das Projekt mit dem LEED-Zertifikat in Gold für historische Gebäude ausgezeichnet wurde. Die Gebäudetechnik genügt fortschrittlichen Ansprüchen und nutzt erneuerbare Energiequellen wie Grundwasser und Sonnenenergie.

This careful refurbishment has the ambition of enhancing the spatial qualities of Palazzo Calderoni, a very fine 19th-century building located near the Teatro alla Scala in the heart of Milan, badly damaged after the war bombing, whose façades were designed by Giuseppe Sommaruga, the key architect of the Milanese Liberty style. The presence of a courtyard, typical figure of the historical urban fabric, prompted the valorization of this central void as the main architectural element. Dematerialising the internal façades enabled natural light to flow inside, while improving the circulation around the courtyard and planning a new volume for elevators and stairs made it possible to increase the floor area and hence the real-estate value. The gained transparency and new flexibility dramatically change the perception of the building. Massiveness and lightness are combined to create a new, more effective, organism offering high-quality workspaces and maximum comfort. Reflecting the client's values of refinement, accuracy and discretion, the building's expression towards the city draws on the aesthetics of a neoclassical building. Nevertheless, there is a strong emphasis on energy-saving and sustainability, with the project earning LEED Gold Historical Building certification. Installations and plants follow the most advanced principles and use renewable energy sources such as groundwater and solar power.

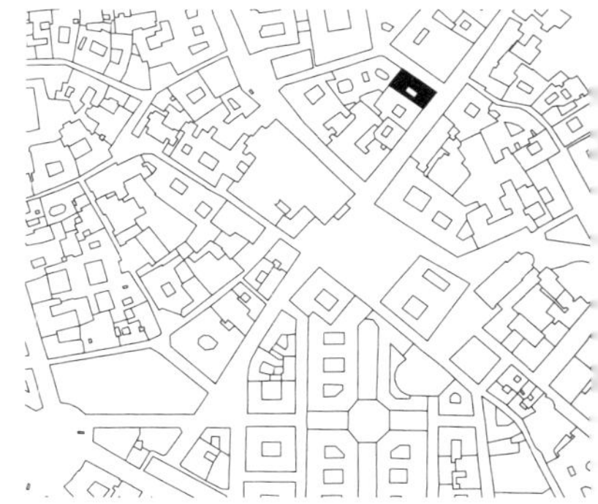

Entwurf und Ausführung: 2017–2020
Wettbewerb: 2016
Bauherrschaft: Rolex Italia SpA
Entwurfsteam: Angelo Lunati und Giancarlo Floridi mit Chiara Molinari (Projektarchitektin), Stefano Casula, Leonardo Chironi, Nicolò De Paoli, Filippo Fagioli, Marco Fancelli, Jo Fonti, Alessandra Lelli, Davide Macchi, Gianpietro Manazza, Michele Miserotti, Ilaria Pisoni, Sebastian Sanchez, Paolo Volpetti
Statik: Redesco
Gebäudetechnik: Deerns Italia
Generalunternehmer: Impresa Percassi
Fassadentechnik: Astec
Innenausbau: Barth
Beleuchtung: Artemide
Akustik: Slalom

Design and construction: 2017–2020
Competition: 2016
Client: Rolex Italia SpA
Design team: Angelo Lunati and Giancarlo Floridi with Chiara Molinari (project architect), Stefano Casula, Leonardo Chironi, Nicolò De Paoli, Filippo Fagioli, Marco Fancelli, Jo Fonti, Alessandra Lelli, Davide Macchi, Gianpietro Manazza, Michele Miserotti, Ilaria Pisoni, Sebastian Sanchez, Paolo Volpetti
Structural design: Redesco
Technical systems: Deerns Italia
General contractor: Impresa Percassi
Architectural bronze system: Astec
Interior contractor: Barth
Lighting systems: Artemide
Acoustic systems: Slalom

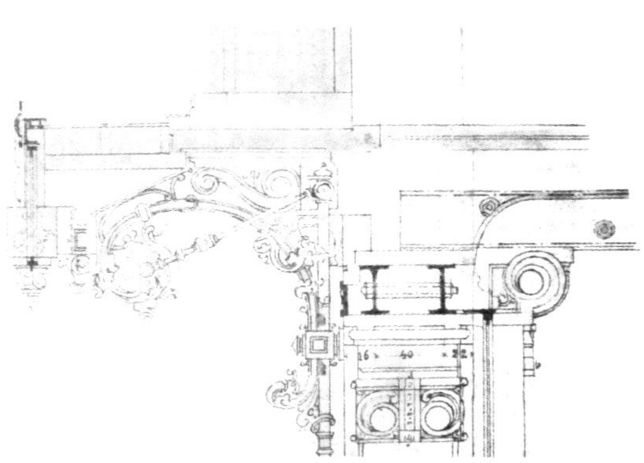

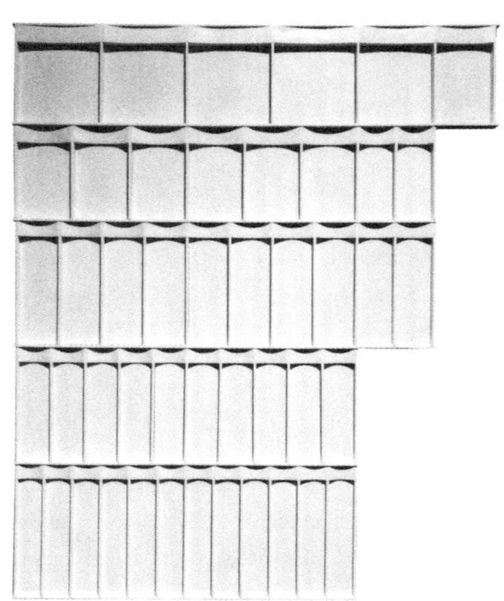

Links: Fassadendetail Palazzo Calderoni, Giuseppe Sommaruga, Via Manzoni, Mailand
Rechts: Modell Innenfassade

Left: Giuseppe Sommaruga, façade detail of Palazzo Calderoni, Via Manzoni, Milan
Right: Internal façade model

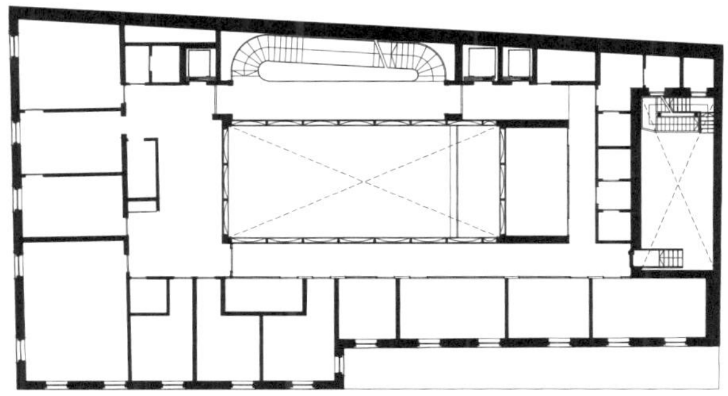

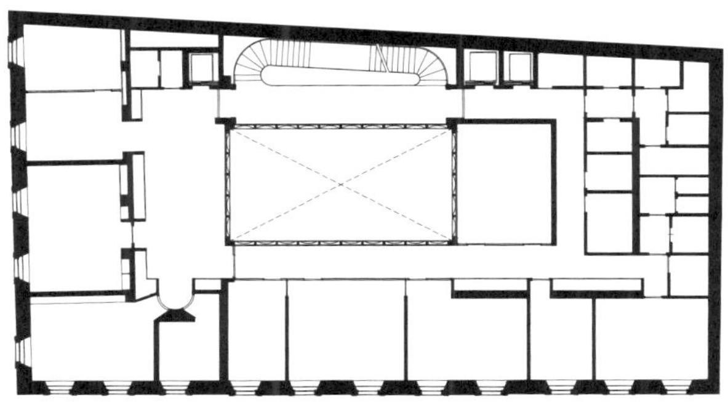

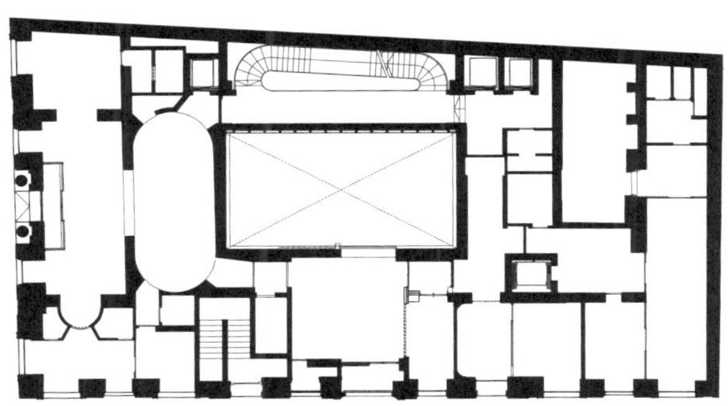

10 m

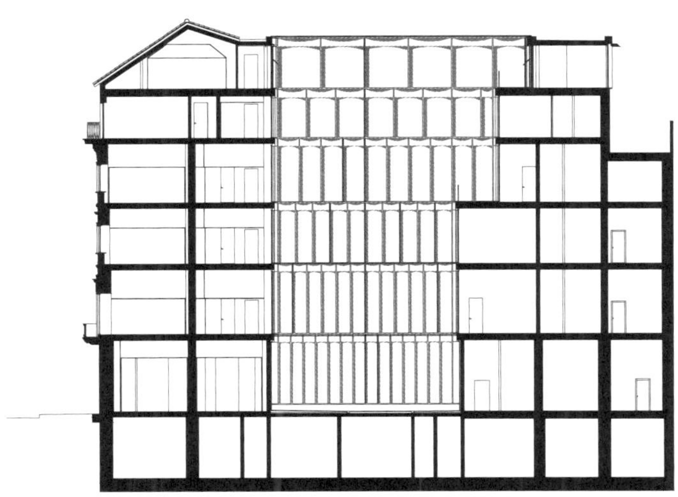

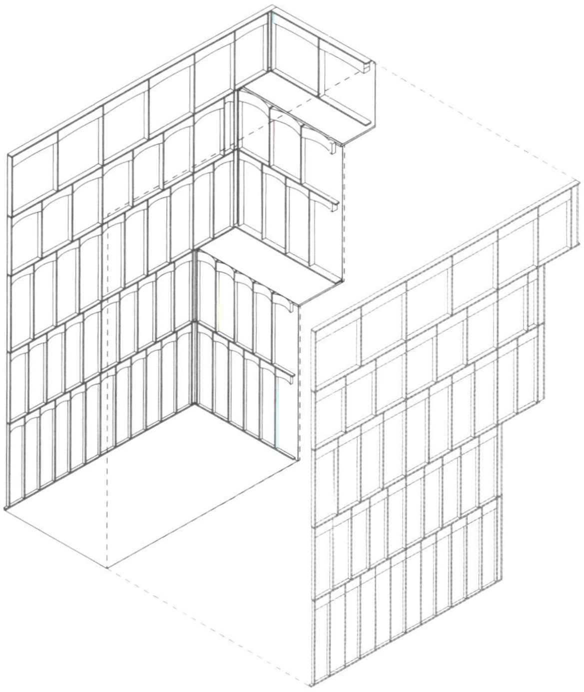

RENOVIERUNG STÄDTISCHER BLOCK, MAILAND

URBAN BLOCK RENOVATION, MILAN

Ausgangspunkt für diese Intervention war ein Bestandsgebäude aus den 1970er Jahren im Geschäftsviertel Centro Direzionale, in der Nähe des Bahnhofs Garibaldi, einem zentralen Mailänder Stadtteil, der derzeit einer umfassenden Erneuerung unterzogen wird. Der überformte Komplex besteht aus drei Elementen, die Vollständigkeit und das Gepräge eines städtischen Blocks evozieren wollen. Die Gestaltung der Ecken betont die Gliederung der Baukörper, wobei jeder von ihnen mit einem anderen Charakter des städtischen Gefüges im Dialog steht: eher grossstädtisch in Richtung Viale Sturzo, sehr intim in Richtung der engeren Strassen. Wir haben es hier mit dem Konzept eines «Gebäudes aus Gebäuden» unterschiedlicher Höhe und Rhythmisierung zu tun – die hier zugrundeliegende Strategie ist damit auch eine kritische Antwort auf den anonymen International Style vergangener Zeiten. Indem nicht mehr auf eine klare Hierarchisierung von Vorder- und Hinterhäusern gesetzt wird, erscheint jeder der Baukörper als quasi unabhängig. Im Inneren des Blocks öffnet sich eine grosszügige Grünfläche zum neuen Sitz der Feltrinelli-Stiftung. Im Bewusstsein, dass Flexibilität massgeblich ist bei der Planung von Bürogebäuden, wurde die Modularität des Gebäudes sorgfältig sowohl auf die äussere Struktur als auch die Innenräume abgestimmt.

An existing 1970s building in the Centro Direzionale business district was the starting point for this intervention near Garibaldi station, a central area of Milan currently in the midst of major renewal. The transformed complex consists of three elements that together aim to evoke the completeness and articulation of a city block. The design of the corners emphasises the articulation of the volumes, each of them in dialogue with a different character of the urban fabric: more metropolitan towards Viale Sturzo and quite intimate towards the narrower streets. The project is conceived as a "building made of buildings" of different heights and rhythms, a strategy that also represents a critical riposte to the anonymous international style of the past. No longer based on a clear hierarchy between front and back buildings, each volume appears virtually independent. Inside the block, a generous green area opens up towards the new headquarters of the Feltrinelli Foundation. Aware that flexibility is the essence of office planning, the building's modularity is carefully calibrated to accommodate both the structure and the interiors.

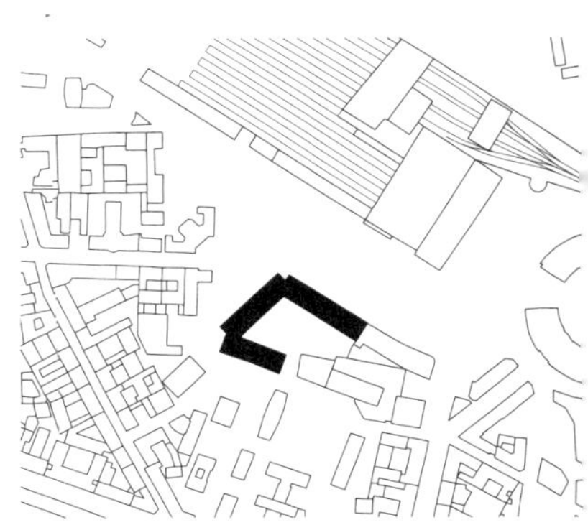

Entwurf und Realisierung: 2018–
(in Ausführung)
Wettbewerb: 2017
Bauherrschaft: Antirion
Entwurfsteam: Angelo Lunati und Giancarlo Floridi mit Tommaso Brambati, Miriam Bica, Matteo Cattaneo, Nicolò De Paoli, Marco Fancelli, Davide Fascione, Luca Gallizioli, Michele Miserotti, Ottaviano Pedretti, Ilaria Pisoni, Erica Ubbiali, Paolo Volpetti, Daria Vybornova, Marta Zanardi
Tragwerk und Gebäudetechnik: General Planning
Landschaftsarchitektur: Studio Giorgetta
Generalunternehmer: Sercos SpA
Fassadensystem aus Betonfertigteilen: Styl-Comp

**Design and construction: 2018–
(under construction)
Competition: 2017
Client: Antirion
Design team: Angelo Lunati and Giancarlo Floridi with Tommaso Brambati, Miriam Bica, Matteo Cattaneo, Nicolò De Paoli, Marco Fancelli, Davide Fascione, Luca Gallizioli, Michele Miserotti, Ottaviano Pedretti, Ilaria Pisoni, Erica Ubbiali, Paolo Volpetti, Daria Vybornova, Marta Zanardi
Structural design and technical systems: General Planning
Landscape design: Studio Giorgetta
General contractor: Sercos SpA
Precast concrete façade system: Styl-Comp**

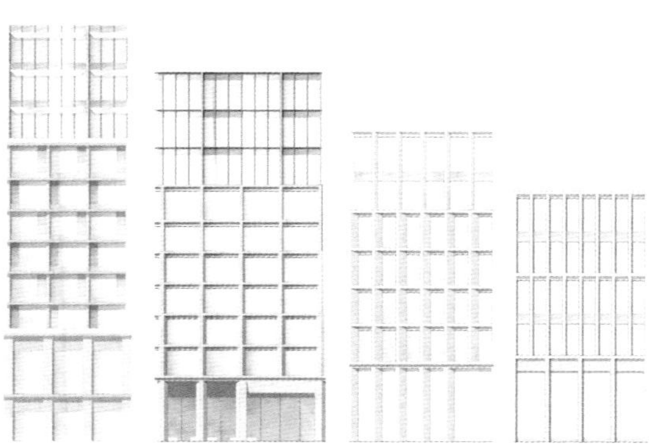

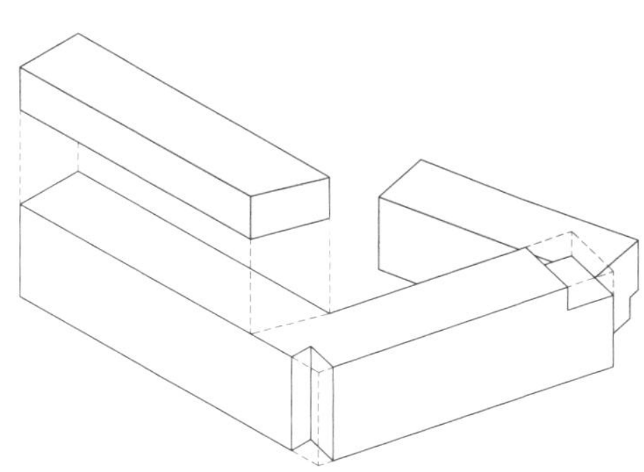

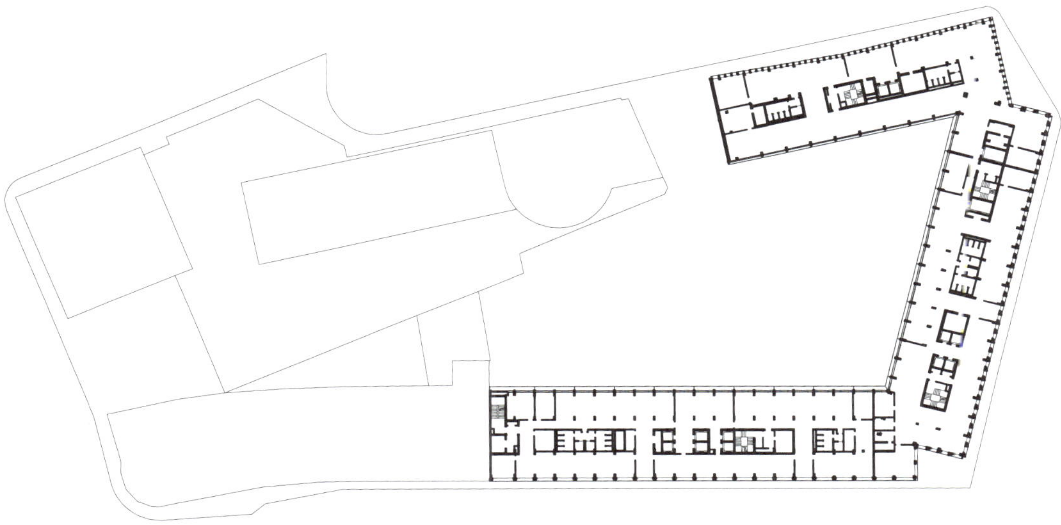

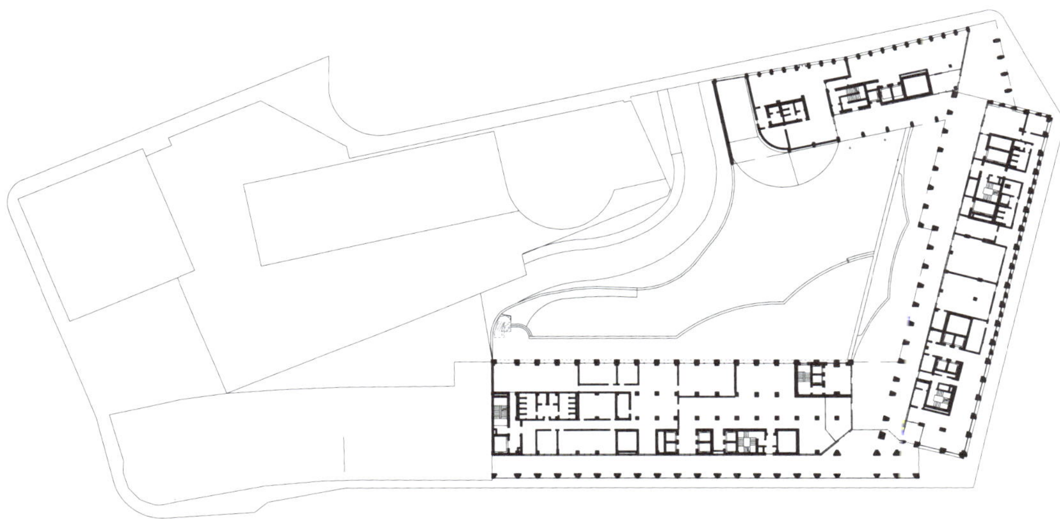

30 m

ERWEITERUNG HOTELBAU,
BRÜSSEL

Der Standort des Hotels – eine stadträumliche Leerstelle – bot die Gelegenheit, die Definition von städtischer Architektur und Wegen, wie ein neues Gebäude in Beziehung zum Bestand treten kann, auszuloten. Die Begriffe Analogie und Kontinuität prägten den Entwurf: Die Architektursprache der neuen Fassade – einer Erweiterung des Hotels – sollte in Einklang gebracht werden mit dem spezifischen Gepräge des Ortes. Wir haben es hier jedoch nicht mit einer Rekonstruktion zu tun, sondern mit einer Neukodierung. Die Ergänzung ist inspiriert von der historischen Stadtgestalt: Der Einsatz von Kalkstein (Pierre Bleue und Pierre Blanche) lässt den Baukörper massiv und zugleich zart mineralisch erscheinen – eine Reminiszenz an die Raffinesse traditioneller Brüsseler Architektur. In ihrer Geometrie und Tiefe wird die Fassade gegliedert durch Bogen- und Erkerfenster, die nach Osten und Westen ausgerichtet sind, damit mehr natürliches Licht ins Innere dringt. Nach Abschluss der Arbeiten wird der städtische Block aus einem Ensemble sechs verschiedener Gebäude geprägt. Adhémar Lener und sein damals junger Assistent Antoine Pompe hatten für das ursprüngliche Palace Hotel drei sehr unterschiedliche Ansichten entworfen: eine mit Blick auf den Place Rogier und die beiden anderen mit Blick auf den botanischen Garten. Dementsprechend basiert der Entwurf für die Hotelerweiterung auf zwei strukturell unterschiedlichen Gebäuden: einem mit einer geringen und einem mit einer sehr grossen Spannweite. Das Kongresszentrum wendet sich sowohl der Stadt als auch dem Innenhof zu. Es verfügt über eine unabhängige Erschliessung und kann auch vom «Cour Botanique» aus betreten werden. Auf dem Dach befindet sich eine Art Pavillon, der eine Cocktailbar beherbergt, ausgeschildert durch eine grosse Uhr, die vom Boulevard aus sichtbar ist.

HOTEL BUILDING EXTENSION,
BRUSSELS

The site of the hotel – an urban void – presented an opportunity to explore the definition of civic architecture and the ways in which a new building can establish a relationship with the existing environment. Here, analogy and continuity were the key words informing the proposal: the language spoken by the new façade – an extension to the hotel – seeks to be in tune with the particular character of the place. Nevertheless, the project is not about reconstruction, but rather about inventing a new code. The addition finds inspiration in the historical city, using the tones of Pierre Bleue and Pierre Blanche limestone to create a massive and therefore delicate mineral volume that echoes the refinement of traditional Brussels architecture. The geometry and depth of the façade are articulated with bow and bay windows pointing east and west to increase natural light in the interior. When work is complete, the urban block will consist of an ensemble of six different buildings. Adhémar Lener and his then young assistant Antoine Pompe designed three very different elevations for the original Palace Hotel: one facing Place Rogier and the other two overlooking the Botanical Garden. Correspondingly, the proposal for the hotel extension is made up of two structurally different buildings: one with a narrow span and the other, hosting the Convention Centre and facing both the boulevard and the courtyard, with a very large span. The Convention Centre facing both the city and the internal courtyard is accessible independently or through the "Cour Botanique". A pavilion-like volume is placed on the rooftop hosting a cocktail bar, signposted by a big clock visible from the boulevard.

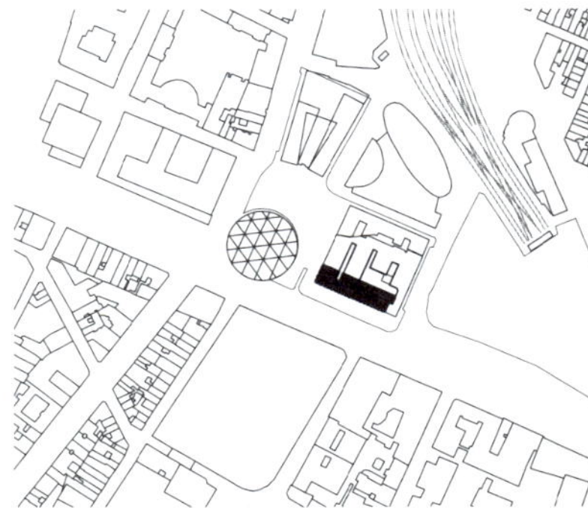

Entwurf und Realisierung: 2018–2021
Wettbewerb: 2018
Bauherrschaft: Pandox
Entwurfsteam: Angelo Lunati und Giancarlo Floridi (Onsitestudio) mit Giovanni Piovene und Ambra Fabi (Piovenefabi), Tommaso Brambati (Projektarchitekt), Martina Biava, Antonello Calabrese, Elena Calafati, Filippo Cattapan, Mattia Chinellato, Leonardo Chironi, Sellua Di Ceglie, Emilio Ellena, Lorenzo Finocchio, Luca Gallizioli, Davide Macchi, Ilaria Pisoni, Giuseppe Rizza, Pietro Salomone
Statik: UTIL
Gebäudetechnik: HPA
Technische Koordination und Bauüberwachung: Bureau Bowteckniek
Landschaftsarchitektur: Plant en Gout

Design and construction: 2018–2021 (under construction)
Competition: 2018
Customer: Pandox
Design team: Angelo Lunati and Giancarlo Floridi (Onsitestudio) with Giovanni Piovene and Ambra Fabi (Piovenefabi), Tommaso Brambati (project architect), Martina Biava, Antonello Calabrese, Elena Calafati, Filippo Cattapan, Mattia Chinellato, Leonardo Chironi, Sellua Di Ceglie, Emilio Ellena, Lorenzo Finocchio, Luca Gallizioli, Davide Macchi, Ilaria Pisoni, Giuseppe Rizza, Pietro Salomone
Structural design: UTIL
Technical systems: HPA
Technical coordination and construction supervision: Bureau Bowteckniek
Landscape design: Plant en Gout

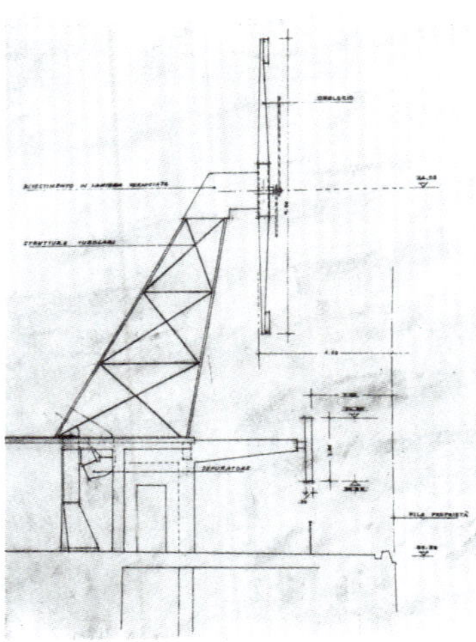

Links: Detail Dachuhr, Giulio Minoletti, Palazzo di Fuoco, Mailand (1959–1962)
Mitte: Fassadendetail, Daniel Burnham, Reliance Building, Chicago
Rechts: Gebäude an der Avenue de Broqueville, Brüssel

Left: Giulio Minoletti, roof clock detail, Palazzo di Fuoco, Milan (1959–1962)
Centre: Reliance Building, façade detail, Chicago, Daniel Burnham
Right: Building on Avenue de Broqueville, Brussels

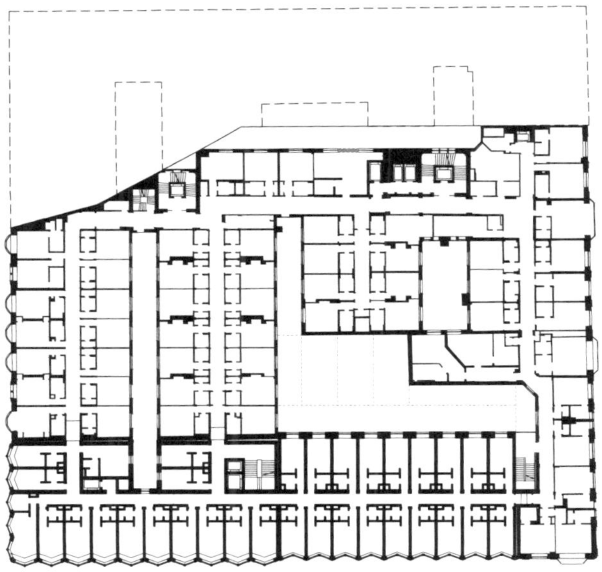

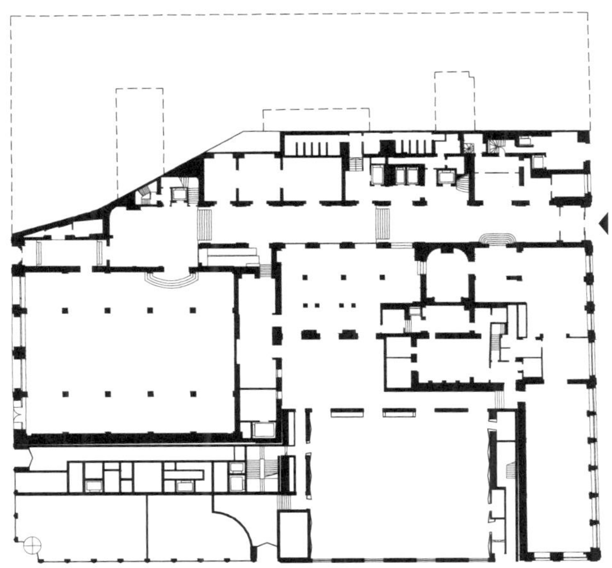

20 m

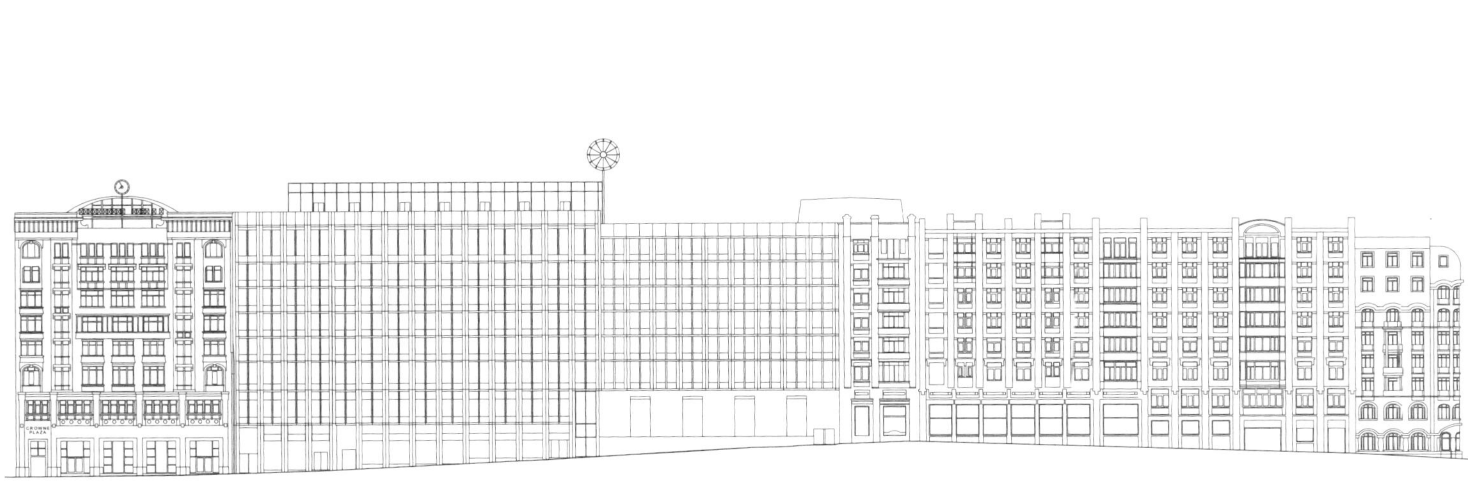

Die Schule in Cascina Merlata, einem neuen Stadtteil im Mailänder Westen, ist eine Hommage an historische Architektur wie die Hofgebäude im Zentrum Mailands und ihre Fähigkeit, reichhaltige Beziehungen zwischen Innen- und Aussenräumen zu schaffen. Die vorrangig horizontale Ausrichtung des Gebäudes steht im Kontrast zu den allgemeinen Entwicklungsrichtlinien dieses neuen Stadtteils: Kompaktheit, Dichte und Vertikalität. Im Gegensatz zu einer klassischen linearen Anordnung ist der Schulkomplex um drei Innenhöfe herum angelegt, von denen zwei geschlossen sind und sich einer zur Stadt hin öffnet. Damit wird zweierlei erreicht: eine ruhige, lockere Umgebung ebenso wie ein Genius Loci. Die ikonische Präsenz eines alten Rauchschornsteins verankert das Gebäude in der Vergangenheit des Ortes: Einst prägten Ziegelproduktionsstätten und landwirtschaftliche Siedlungen die flache, offene Landschaft. Die komplexe und reiche Form des Schulbaus evoziert die ehemaligen flachen Ziegelgebäude mit ihren grossen Höfen, Schrägdächern und Vordächern, die gleichzeitig sehr vertraut und doch abstrakt sind.

The school at Cascina Merlata, a newly planned neighbourhood in the west of Milan, can be seen as a tribute to historical architecture such as the courtyard buildings in the centre of Milan, as well as its capacity to generate rich relationships between interior and exterior spaces. The mainly horizontal building contrasts with the general development principle of the new town, which is compact, dense and vertical. Departing from the classical linear layout, the school complex is designed around three courtyards, two of which are closed, while the third opens towards the city. Such a composition attempts both to offer a calm, loose environment and generate a sense of place. The iconic presence of an old smoke-stack anchors the building in the past life of the area, when brick production sites and agricultural settlements marked a flat and open landscape. This complex and rich form resonates with the former low brick buildings and their large courtyards, pitched roofs and porches that are both very familiar and rather abstract.

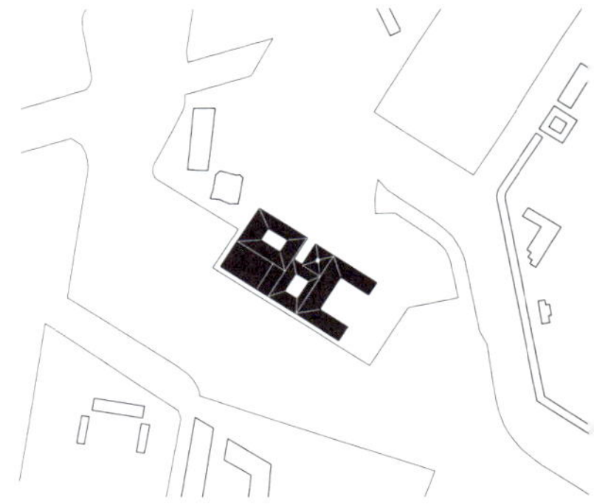

Entwurf und Realisierung: 2013–
Wettbewerb: 2013
Bauherrschaft: Cascina Merlata SpA
Entwurfsteam: Angelo Lunati und Giancarlo Floridi mit Michele Miserotti (Projektarchitekt), Filippo Fagioli, Jo Fonti, Luca Gallizioli, Davide Macchi, Chiara Molinari, Andrea Morstabilini, Lorenza Odorizzi, Sebastian Sanchez, Samuel Silva, Hiroki Tanigaki
Statik und Gebäudetechnik: Studio Iorio
Landschaftsgestaltung: Studio Giorgetta

Design and construction: 2013–
Competition: 2013
Client: Cascina Merlata SpA
Design team: Angelo Lunati and Giancarlo Floridi with Michele Miserotti (project architect), Filippo Fagioli, Jo Fonti, Luca Gallizioli, Davide Macchi, Chiara Molinari, Andrea Morstabilini, Lorenza Odorizzi, Sebastian Sanchez, Samuel Silva, Hiroki Tanigaki
Structural design and technical systems: Studio Iorio
Landscape design: Studio Giorgetta

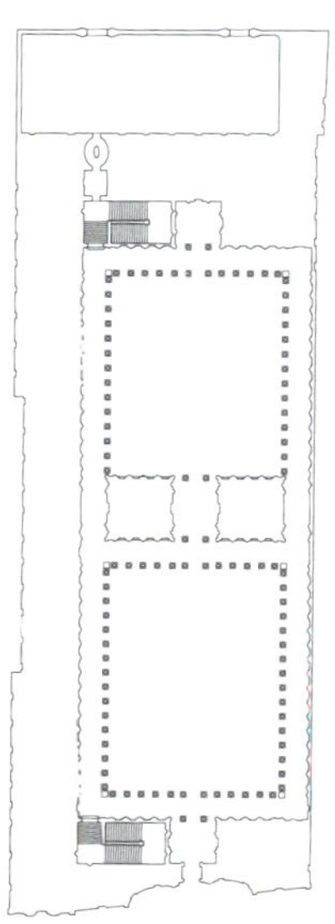

Links: Collegio Elvetico, Mailand, 1608
Rechts: Schule Fagnano Olona, Aldo Rossi; Foto: Luigi Ghirri

Left: Collegio Elvetico, Milan, 1608
Right: Fagnano Olona School, Aldo Rossi, photo by Luigi Ghirri

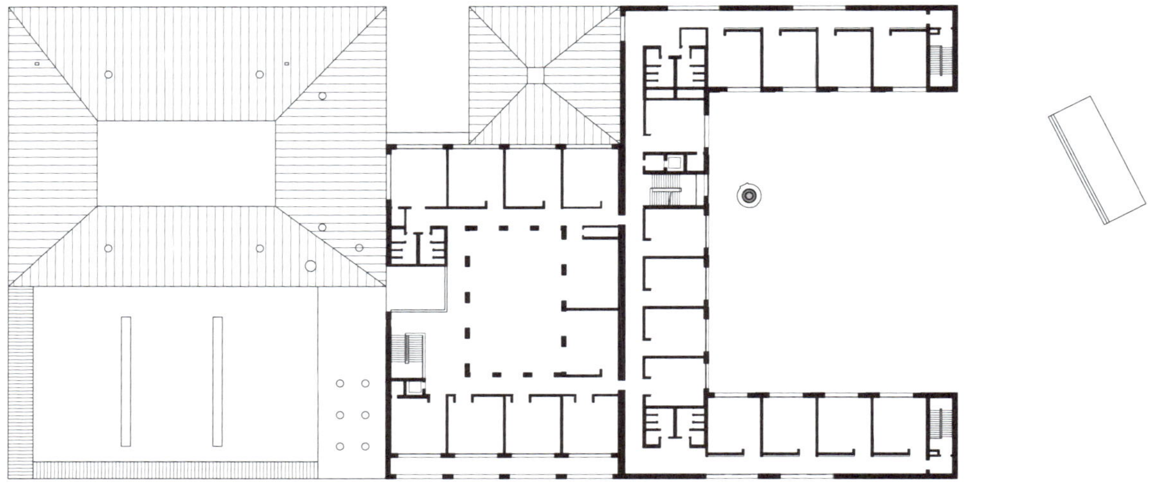

20 m

Der Auftrag für die neue Firmenzentrale der Sopro Bauchemie bei Wiesbaden sah Büros, Labore und ein Lernzentrum für praktische und theoretische Belange auf einem Gelände unweit des Produktionskomplexes des Unternehmens vor. Um das neue Gebäude auf der grünen Wiese zu positionieren, wurde das Programm auf verschiedene Blöcke aufgeteilt, die einen grossen Hof umschliessen. Die Verwaltungs- und Managementbüros sind in einem dreigeschossigen Volumen verteilt, dessen Gegengewicht ein Lagerhaus gleicher Höhe bildet, während die anderen Einheiten lediglich einstöckig sind. Der Fassadencharakter ergibt sich über den Rhythmus der Fenster, welche sich jeweils zu breiten, transparenten Öffnungen paaren. Die Eingänge und undurchsichtigen Fassadenabschnitten bauen auf demselben Modul auf. Robuster Fertigbeton erstreckt sich über die gesamte Länge des Gebäudes und rahmt die Fenster, während die Wände verputzt sind. Die Landschaftsgestaltung zielt auf eine Kontinuität der Grünflächen zu den offenen Feldern jenseits des Geländes hin ab. Lediglich auf dem Parkplatz sind Bäume zum Zweck der Beschattung dicht gepflanzt.

The brief for Sopro Bauchemie's new headquarters near Wiesbaden called for offices, laboratories and a learning centre for practical and theoretical activities on a site not far from the company's production complex. To position the new building in the green landscape, the programme is divided between a number of different blocks enclosing a large courtyard. Administrative and management offices are distributed in a three-storey volume, which is counterbalanced in height by the warehouse building, while the other units are a single floor. The elevations are characterised by the rhythm of the fenestration, with windows paired to form wide and transparent openings. The same module is adopted for entrances and the opaque parts of the façade. A robust prefabricated concrete is used for the plinth that runs along the length of the building and for the framing of the windows, while walls are finished with render. The landscape design treats the green areas as continuous with the open fields beyond the site, while trees are only planted densely in the parking lot, as a shading device.

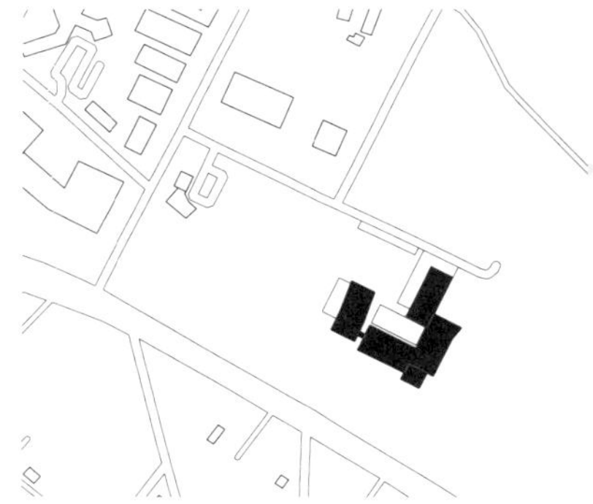

Entwurf und Ausführung: 2018–
Bauherrschaft: Sopro Bauchemie
Entwurfsteam: Angelo Lunati und Giancarlo Floridi mit Michele Miserotti (Projektarchitekt), Marco Fancelli, Davide Macchi, Chiara Molinari, Erica Ubbiali, Paolo Volpetti
Statik und Gebäudetechnik: Obermeyer
Landschaftsarchitektur:
DLA Bittkau-Bartfelder Landschaftsarchitekten

Design and construction: 2018–
Client: Sopro Bauchemie
Design team: Angelo Lunati and Giancarlo Floridi with Michele Miserotti (project architect), Marco Fancelli, Davide Macchi, Chiara Molinari, Erica Ubbiali, Paolo Volpetti
Structural design and technical systems: Obermeyer
Landscape design:
DLA Bittkau-Bartfelder Landschaftsarchitekten

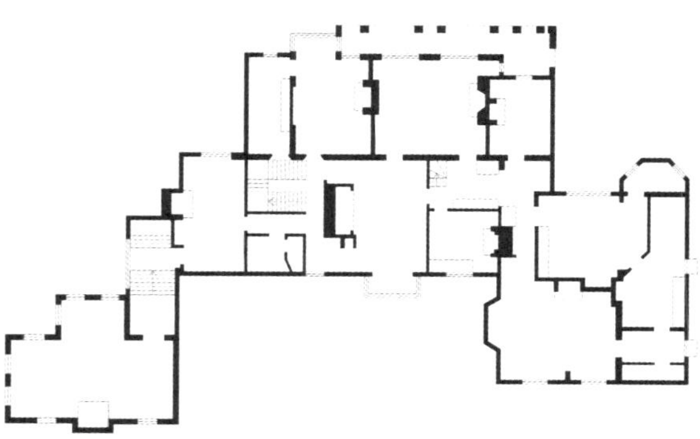

Links: Landhaus, Edwin Lutyens
Rechts: Schwarzplan von Wiesbaden (aus: *Collage City* von Colin Rowe und Fred Koetter)

Left: Edwin Lutyens, County House
Right: Figure-ground plan of Wiesbaden (*Collage City*, Colin Rowe and Fred Koetter)

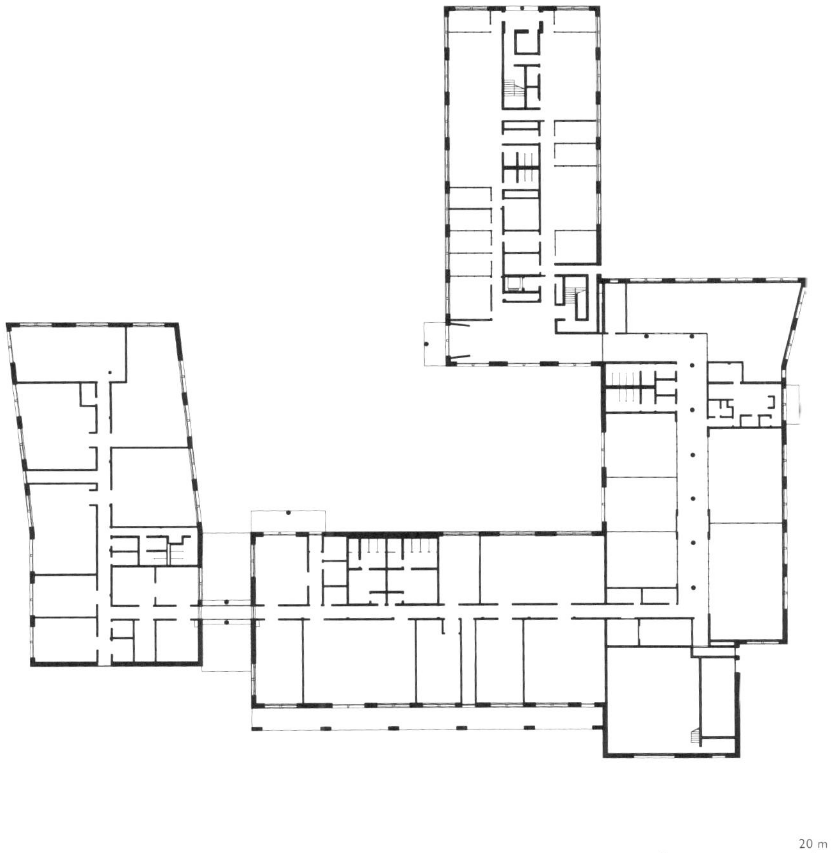
20 m

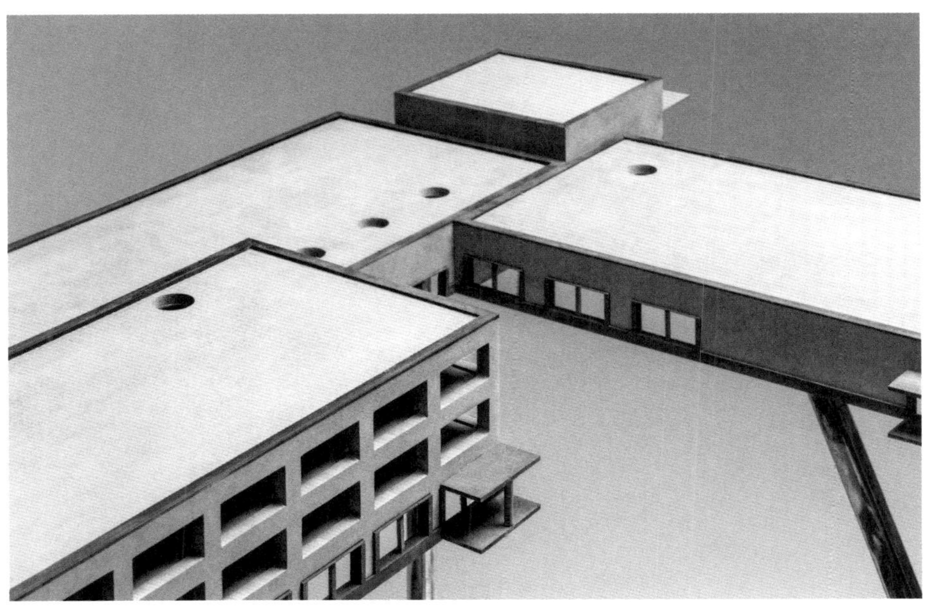

WERKVERZEICHNIS
Auswahl Bauten, Projekte und Wettbewerbe

2006–2010		Weinkellerei Taverna, Nova Siri, Matera
		Chemielaboratorien, Universität Insubria, Como
	1	FRIEM-Hauptsitz, Segrate, Mailand
	2	Einrichtung des öffentlichen Gesundheitswesens – Treppenhausturm, Via Filippo Juvarra, Mailand
		Wettbewerb Marineakademie, Brindisi; 3. Preis
		Wettbewerb Stadtpark und unterirdisches Versorgungsnetz, Matera; 3. Preis
		Wettbewerb Museo Diocesano, Mailand (mit Caruso St John Architects); Auswahl
	3	Wettbewerb Hochschule für Technik, Stuttgart; 2. Preis
2011	4	Wettbewerb Experimentelle Wohneinheit, Quartiere Sant'Ambrogio, Mailand; 1. Preis
		Sozialer Wohnkomplex, Segrate, Mailand
	5	Wettbewerb Neue Schweizer Botschaft, Yaoundé, Kamerun
2012	6	Wettbewerb Dienstleistungsgebäudekomplex, EXPO 2015, Mailand (mit Liverani Molteni); 1. Preis
		Büros für MAPEI SpA, Mailand
		Wettbewerb Fussgängerbrücke über den Naviglio, Mailand; 2. Preis
2013	7	Wettbewerb Gemischter Nutzungskomplex, Settimo Torinese, Turin (mit CZA); 1. Preis
		Wettbewerb Mehrfamilienvilla, Como; 1. Preis
		Sozialer Wohnkomplex, Settimo Torinese, Turin
2014		Neue Fassade, Baku, Aserbaidschan
		Wettbewerb Rooftop Bar, Triennale di Milano, Mailand
		Modulare Wohneinheiten, Campus Naba, Mailand
		MAPEI-Gästehaus, Mediglia, Mailand
2015	8	Dienstleistungsgebäudekomplex, EXPO 2015, Mailand (mit Liverani Molteni; Wettbewerb 2012, 1. Preis)
	9	Wettbewerb Hauptsitz der Telecom Italia, Rom; engere Wahl
		Wettbewerb Masterplan für die Transformation der ehemaligen Mameli-Armeekaserne, Mailand; 1. Preis
	10	Masterplan für die ehemalige Cantoni industry, Saronno, Varese
	11	Wettbewerb Masterplan Piazza Castello, Mailand (mit Piovenefabi)
		Hotelbau, Piazza Duca d'Aosta, Mailand (Wettbewerb 2013, 1. Preis)
2016		Wettbewerb Wohnkomplex, Cascina Merlata, Mailand; engere Wahl

1

2

3

4

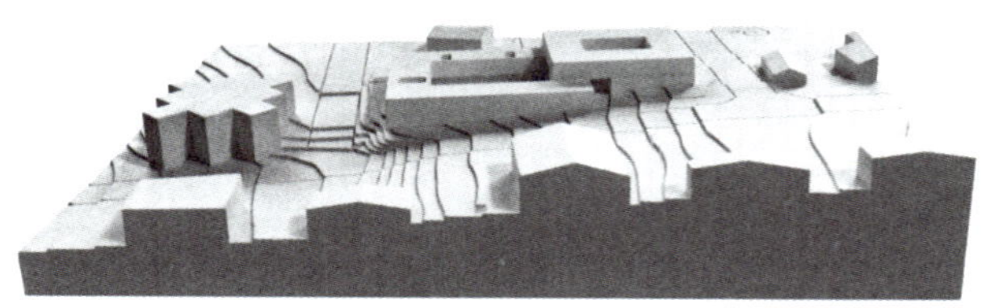
5

6

7

8

9

10

11

LIST OF WORKS

Selection of buildings, projects and competitions

Year	No.	Work
2006–2010		Taverna Winery, Nova Siri, Matera
		Chemistry Laboratories, Insubria University, Como
	1	FRIEM Headquarters, Segrate, Milan
	2	Public Health Unit – staircase tower, Via Filippo Juvarra, Milan
		Competition, Naval Academy of Brindisi; 3rd Prize
		Competition, city park and underground services, Matera; 3rd Prize
		Competition, Museo Diocesano, Milan (with Caruso St John Architects); selected project
	3	Competition, University of Applied Sciences, Stuttgart; 2nd Prize
2011	4	Competition, experimental residential unit, Quartiere Sant'Ambrogio, Milan; 1st Prize
		Social housing complex, Segrate, Milan
	5	Competition, new Swiss Embassy, Yaoundé, Cameroon
2012	6	Competition, EXPO 2015 service buildings complex, Milan (with Liverani Molteni); 1st Prize
		Offices for MAPEI SpA, Milan
		Competition, pedestrian bridge over Naviglio, Milan; 2nd Prize
2013	7	Competition, mixed-use complex, Settimo Torinese, Turin (with CZA); 1st Prize, not constructed
		Competition, multi-family villa, Como; 1st Prize, not constructed
		Social housing complex, Settimo Torinese, Turin
2014		New façade, Baku, Azerbaijan
		Competition, Triennale di Milano, new rooftop bar, Milan
		Modular residential units, Naba Campus, Milan
		MAPEI guesthouse, Mediglia, Milan
2015	8	EXPO 2015 service building complex, Milan (with Liverani Molteni; competition 2012, 1st Prize)
	9	Competition, new Telecom Italia headquarters, Rome; shortlisted
		Competition, transformation master plan of the former Mameli Army Barracks, Milan; 1st prize
	10	Former Cantoni industry master plan, Saronno, Varese
	11	Competition, Piazza Castello master plan, Milan (with Piovenefabi)
		Hotel building, Piazza Duca d'Aosta, Milan (Competition in 2013, 1st Prize)
2016		Competition, residential complex, Cascina Merlata, Milan; shortlisted

2017 12 Masterplan Umgestaltung der ehemaligen Mameli-Armeekaserne, Mailand
13 Wettbewerb Seven Beautiful Orchards, Mailand (mit CZA, Baukuh, Ifdesign und Piovenefabi)

2019 Trainingszentrum US Sassuolo, Sassuolo (Wettbewerb 2016, 1. Preis)
14 Caserma Sasso, Masterplan für die ehemalige Kaserne, Vicenza
15 Wettbewerb Masterplan Scalo Farini (mit Baukuh, Christ & Gantenbein, Atelier Kempe Thill, LOLA Landschafts-architekten)
16 Wohnhaus, Como
Entwurfsvorschlag Wohngebäude, Viale Umbria, Mailand
17 Wettbewerb Der neue Stöckach, Stadtumbau des Quartiers Hackstraße/Stöckachstraße, Stuttgart
18 Wettbewerb Erweiterung Gerichtsgebäude in Liestal, Kanton Basel-Landschaft

2020 Pirelli-Bildungszentrum, Mailand (Wettbewerb 2016, 1. Preis)
Kulturzentrum BASE, Mailand
Renovierung Firmengebäude Rolex Italia, Mailand (Wettbewerb 2016, 1. Preis)
Wettbewerbsbeitrag Wohn- und Bürogebäde, Mailand (mit David Chipperfield Architects)
Wettbewerbsbeitrag Masterplan für die Prinz-Leopold-Kaserne und angrenzende Areale, Regensburg (mit Kuhn Malvezzi, Transolar)

Laufende Projekte
Schulhaus, Cascina Merlata, Mailand (Wettbewerb 2013, 1. Preis)
Renovierung städtischer Block, Mailand (Wettbewerb 2017, 1. Preis)
Erweiterung Hotelbau, Le Palace, Place Rogier, Brüssel (mit Piovenefabi; Wettbewerb 2018, 1. Preis)
Firmengebäude Sopro Bauchemie, Wiesbaden
19 Renovierung Kaserne Caserma Dante Alighieri, Ravenna
Renovierung Bürogebäude, Via Torino, Mailand

12

13

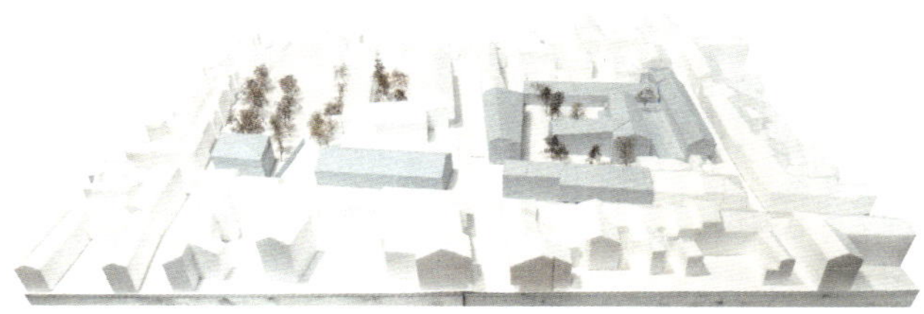
14

15

16

17

18

19

2017

12 Transformation master plan of the former Mameli Army Barrack, Milan

13 Seven Beautiful Orchards, Milan, competition (with CZA, Baukuh, Ifdesign and Piovenefabi)

2019

US Sassuolo training centre, Sassuolo (competition in 2016, 1st Prize)

14 Caserma Sasso, master plan for former army barracks, Vicenza

15 Competition, Scalo Farini master plan, Milan (with Baukuh, Christ & Gantenbein, Atelier Kempe Thill, LOLA Landscape architects)

16 Residential building, Como

Design proposal for a residential building, Viale Umbria, Milan

17 Competition, The New Stöckach, urban redevelopment of the Hackstrasse/Stöckachstrasse quarter, Stuttgart

18 Competition, Liestal Law Court extension, Canton of Basel-Landschaft

2020

BASE Milano cultural centre, Milan

Pirelli Learning Centre, Milan; (competition in 2016, 1st Prize)

Rolex Italia building renovation, Milan; (competition in 2016, 1st Prize)

Office and residential towers, Milan (with David Chipperfield Architects), competition entry

Master plan for Prince Leopold Pioneer barracks and adjacent areas in Regensburg (with Kuhn Malvezzi, Transolar), competition entry

Ongoing

School building, Cascina Merlata, Milan (competition in 2013, 1st Prize)

Urban block renovation, Milan; (competition in 2017, 1st Prize)

Hotel building extension, Le Palace, Place Rogier, Brussels (with Piovenefabi; competition in 2018, 1st Prize)

Corporate building, Sopro Bauchemie, Wiesbaden

19 Caserma Dante Alighieri army barracks renovation, Ravenna

Office building renovation, Via Torino, Milan

ANGELO LUNATI

1973	geboren in Mailand
1992–1998	Architekturstudium, Politecnico di Milano (Master)
1996	Erasmus-Projekt an der Faculdade de Arquitectura do Porto (FAUP), Portugal
1999–2006	Mitarbeiter bei SMP, Mailand
2006	Gründung von Onsitestudio
2010	Auszeichnung *Premio Qualità Italia Giovani*, DARC Ministero Beni Culturali (1. Preis)
2013–2018	Promotion an der Eidgenössischen Technischen Hochschule Zürich (ETH Zürich), Departement Architektur, bei Adam Caruso
2016	Gastprofessor an der IUAV, Venedig
2020	Unit Professor, Architecture of Interiors, MArch, Politecnico di Milano
	Publikation *Ideas of Ambiente*, Park Books, Zürich
2011–	Unit Professor, Architectural Design Studio I-II, BArch und MArch, Politecnico di Milano

GIANCARLO FLORIDI

1973	geboren in Modena
1992–1999	Architekturstudium, Politecnico di Milano (Master)
1996–1999	Erasmus-Student an der Escuela tecnica superior de Arquitectura Madrid (ETSAM)
1998–2000	Mitarbeiter bei JBA, Madrid
2001–2004	Promotion am Politecnico di Milano, School of Architecture an Urban Design, bei Remo Dorigati
2004–2006	Mitarbeiter bei bei Steven Holl, New York, und Souto de Moura, Porto
2006–2010	Mitarbeiter bei OdA, Pavia, und eigenes Büro, Mailand
Seit 2011	Partner Onsitestudio
Seit 2011	Dozent am Politecnico di Milano, School of Architecture an Urban Design
2006–2011	Unit Professor, Architectural Design Studio I-II, BArch und MArch, Politecnico di Milano
2011–	Unit Master, Architectural Design Studio I-II, BArch und MArch, Politecnico di Milano

ANGELO LUNATI

1973	Born in Milan
1992–1998	Master's degree in Architecture, Politecnico di Milano
1996	Erasmus project at FAUP, Faculdade de Arquitectura do Porto, Portugal
1999–2006	Collaboration at SMP, Milan
2006	Founded Onsitestudio
2010	Premio Qualità Italia Giovani, DARC Ministero Beni Culturali, 1st Frize
2013–2018	PhD at the Swiss Federal Institute of Technology Zurich (ETH Zurich), Department of Architecture, Supervisor: Adam Caruso
2016	Visiting Professor at IUAV, Venice
2020	Unit Professor, Architecture of Interiors, MArch, Politecnico di Milano Published *Ideas of Ambiente*, Park Books, Zurich
2011–	Unit Professor, Architectural Design Studio I-II, BArch and MArch, Politecnico di Milano

GIANCARLO FLORIDI

1973	Born in Modena
1992–1999	Master's degree in Architecture, Politecnico di Milano
1996–1999	Erasmus student at ETSAM, Escuela tecnica superior de Arquitectura Madrid
1998–2000	Collaboration at JBA, Madrid
2001–2004	PhD at Politecnico di Milano, School of Architecture and Urban Design, Supervisor: Remo Dorigati
2004–2006	Collaboration at Steven Holl, New York and Souto de Moura, Porto
2006–2010	Collaboration at OdA, Pavia and own practice, Milan
Since 2011	Partner of Onsitestudio
Since 2011	Lecturer at Politecnico di Milano, School of Architecture and Urban Design
2006–2011	Unit Professor, Architectural Design Studio I-II, MArch, Politecnico di Milano
2011–	Unit Master, Architectural Design Studio I-II, BArch and MArch, Politecnico di Milano

BIBLIOGRAFIE

2009	Antonio Esposito: «Cantina Taverna». In: *Domus*, Nr. 929, S. 50–54
	«Cantina Taverna». In: Marco Mulazzani / Giacomo Polin / Vincenzo Melluso (Hrsg.): *almanacco di casabella architetti italiani*. Mailand
2010	Hubertus Adam: «Erweiterung Hochschule für Technik». In: *Bauwelt*, S. 13
	«Erweiterung Hochschule für Technik». In: *Wettbewerbe Aktuell*, Nr. 1, S. 40
	Paola Pierotti: «Como-Cubo di rame per Chimica». In: *Edilizia e Territorio, Il Sole 24 Ore*
	Luca Molinari / Simona Galateo (Hrsg.): *Friem Headquarters – Onsitestudio*. Barcelona
2011	Luca Molinari / Simona Galateo: «La fabbrica con il vestito da sera, Friem headquarters». In: *Edilizia e Territorio, Il Sole 24 Ore*, Januar
	Francesca Chiorino (Hrsg.): *Cantine Secolo XXI. Architetture e paesaggi del vino*. Mailand
	Fondo Housing Sociale (Hrsg.): *Nuove forme per l'abitare sociale*. Mailand
	Elena Formenti: «Friem Headquarters a Segrate». In: *Arketipo*, Nr. 58
	Uberto Visconti (Hrsg.): «Casa delle Genti». In: *Il Giornale dell'Architettura* (Sonderausgabe: Housing Sociale)
	Olivier Namias: «Siège social de Friem par Onsitestudio». In: *AMC Le moniteur architecture* (Sonderausgabe: Acier/ Steel 30 projets/projects)
2012	«Se le demolizioni sono silenziose». In: *Corriera Casa, Corriere della Sera*, Oktober
	Maria Vittoria Capitanucci (Hrsg.): *Milano Nuova Architettura*. Mailand
	«Le Quattro Stagion». In: David Chipperfield (Hrsg.): *Common Ground* (Katalog der Architekturbiennale in Venedig). Venedig
2013	*Architectural Facade*, Bd. 2. Hong Kong
2014	Lina Bonardi: «Se la cultura prende il posto del profitto». In: *Abitare*, Nr. 543, S. 89–92
	Cino Zucchi (Hrsg.), *Innesti – Grafting* (Katalog des italienischen Pavillons im Rahmen Architekturbiennale in Venedig). Venedig
2015	Marco Biraghi / Gabriella Loricco / Silvia Micheli (Hrsg.): *Guida all'architettura di Milano 1854–2015*. Mailand
2016	Federico Tranfa: «Onsitestudio, Albergo in Piazza Duca d'Aosta». In: *Casabella*, Nr. 867, S. 26–31
	TAM associati (Hrsg.): *Taking Care, Progettare per il bene comune* (Katalog des italienischen Pavillons im Rahmen Architekturbiennale in Venedig). Padua
2017	Lorenzo Degli Esposti (Hrsg.): *Milano Capitale del Moderno*. Mailand 2017, S. 554
	L. Molinari (Hrsg.), *Cantine da collezione, Itinerari di architettura contemporanea nel paesaggio italiano*. Florenz, S. 254–261
2020	«50 best architecture firms 2020». In: *Domus*, Nr. 1044 (2020), S. 82–83
	Camillo Magni, «Una sofisticata eleganza, Edificio per uffici Pirelli Bicocca». In: *Casabella*, Nr. 908, S. 30–41
	Catalogo Architetto dell'anno.

AUSSTELLUNGEN

2009	*Textures*, Galleria Guenzani, Mailand
2010	*Premio Qualità Italia*, Fondazione Cini, Venedig
2011	*In/Arch Ance Award 2011*, Ausstellung der Projekte auf der Shortlist, ANCE, Rom
	Premio Qualità Italia, MAXXI Museo Nazionale delle Arti del XXI secolo, Rom
	Casa delle Genti, Centro Culturale Altinate, San Gaetano, Padua
2012	*Young Italian architects*, Caselli di Porta Venezia, Mailand
	Le Quattro Stagioni, Architetture del Made in Italy da Adriano Olivetti alla Green Economy, Italienischer Pavillon, Architekturbiennale Venedig
2014	*Two Projects in Milan*, fotografiert von Vincenzo Castella, Spaziotempo, Via delle Orsole, Mailand
	Innesti – Grafting (The rising city), Italienischer Pavillon, Architekturbiennale Venedig,
2016–2017	*Honour Imperfection as a hidden intention*, erstmals gezeigt im Rahmen der Milan Triennale, 2016, dann Wanderausstellung: Aarhus School of Architecture, 2016; KADK Library, Kopenhagen, 2017
	Taking care. Progettare per il bene comune [Kulturzentrum BASE, Mailand], Italienischer Pavillon, Architekturbiennale Venedig, 2016
2019	*What is Ornament*, Architekturtriennale Lissabon [Pirelli-Bildungszentrum]

VITTORIO MAGNAGO LAMPUGNANI (TEXTBEITRAG)

Vittorio Magnago Lampugnani, 1951 in Rom geboren, arbeitete in den 1980er Jahren mit am Stadterneuerungsprojekt der IBA Berlin und lehrte in Harvard. Später war er Herausgeber der Zeitschrift *Domus*, Mailand, und Direktor des Deutschen Architekturmuseums (DAM) in Frankfurt am Main. Von 1994 bis 2016 hatte er den Lehrstuhl für Geschichte des Städtebaus an der ETH Zürich inne. Er praktizierte bis 2010 unter dem Namen Studio di Architettura (1981 in Mailand gegründet) und praktiziert seither, mit einem Partner, unter der Firmierung Baukontor Architekten in Zürich.

FEDERICO TRANFA (TEXTBEITRAG)

Federico Tranfa, 1966 in Mailand geboren, studierte Architektur am Politecnico di Milano und an der Aarhus Arkitektskolen in Dänemark. Im Jahr 2002 gründete er zusammen mit Laura Pasquini das Büro Pasquini Tranfa architetti. Er hat divserse Gastdozenturen an Institutionen und Universitäten inne und publiziert in Zeitschriften und Bücher. Seit 2013 ist er Herausgeber der Zeitschrift *Casabella*, seit 2016 Mitglied des Redaktionsausschusses.

BIBLIOGRAPHY

2009 Antonio Esposito, "Cantina Taverna", in *Domus* no 929, pp. 50–54
"Cantina Taverna", in Marco Mulazzani, Giacomo Polin, Vincenzo Melluso (eds.), *almanacco di casabella architetti italiani 2009*, Electa, Milano

2010 Hubertus Adam, "Erweiterung Hochschule für Technik", in *Bauwelt*, p. 13
"Erweiterung Hochschule für Technik", in *Wettbewerbe Aktuell* no. 1, p. 40
Paola Pierotti, "Como-Cubo di rame per Chimica", in *Edilizia e Territorio, Il Sole 24 Ore*
Luca Molinari, Simona Galateo (eds.), *Friem Headquarters – Onsitestudio, photographs by Hélène Binet and Filippo Romano*, Ediciones Polígrafa, Barcelona

2011 Luca Molinari, Simona Galateo (eds.), "La fabbrica con il vestito da sera, Friem headquarters", in *Edilizia e Territorio, Il Sole 24 Ore*, January
Francesca Chiorino (ed.), *Cantine Secolo XXI. Architetture e paesaggi del vino*, Electa architettura, Milano
Fondo Housing Sociale (ed.), *Nuove forme per l'abitare sociale*, Altreconomia, Milano
Elena Formenti, "Friem Headquarters a Segrate", in *Arketipo* no. 58
Uberto Visconti (ed.), "Casa delle Genti", in *Il Giornale dell'Architettura, Speciale Housing Sociale*
Olivier Namias (ed.), "Siège social de Friem par Onsitestudio", in *AMC Le moniteur architecture*, special issue "Acier/Steel 30 projets/projects", Paris

2012 Maria Vittoria Capitanucci (ed.), *Milano Nuova Architettura*, Skira, Milano
"Le Quattro Stagioni" in David Chipperfield (ed.), *Common Ground, catalogue of the 2012 Venice Biennale of Architecture*, Marsilio Editori, Venezia

2013 *Architectural Facade*, vol. 2, Hong Kong Polytechnic International Publishing Company, Hong Kong
"Se le demolizioni sono silenziose", in *Corriera Casa, Corriere della Sera*, October

2014 Cino Zucchi (ed.), Innesti – *Grafting, catalogue of the Italian Pavilion at the 2014 Venice Biennale of Architecture*, Marsilio Editori, Venezia

2015 Marco Biraghi, Gabriella Loricco, Silvia Micheli (eds.), *Guida all'architettura di Milano 1854–2015*, Hoepli, Milano
Lina Bonardi, "Se la cultura prende il posto del profitto", in *Abitare* no. 543, pp. 89–92

2016 Federico Tranfa, "Onsitestudio, Albergo in Piazza Duca d'Aosta", in *Casabella* no. 867, pp. 26–31
TAM associati (eds.), *Taking Care, Progettare per il bene comune, catalogue of the Italian Pavilion at the 2016 Venice Biennale of Architecture*, Becco Giallo Editore, Padua

2017 Lorenzo Degli Esposti (ed.), *Milano Capitale del Moderno*, Expo Belle Arti, Milano, p. 554
L. Molinari (ed.), *Cantine da collezione, Itinerari di architettura contemporanea nel paesaggio italiano*, Forma Editore, Firenze, pp. 254–261

2020 "50 best architecture firms 2020", attached to *Domus*, no. 1044, pp. 82–83
Camillo Magni (ed.), "Una sofisticata eleganza, Edificio per uffici Pirelli Bicocca", in *Casabella*, no. 908, pp. 30–41
Catalogo Architetto dell'anno

EXHIBITIONS

2009 "Textures", Galleria Guenzani, Milan

2010 "Premio Qualità Italia", Fondazione Cini, Venice

2011 "Casa delle Genti", Centro Culturale Altinate, San Gaetano, Padua
"Premio Qualità Italia", MAXXI Museo Nazionale delle Arti del XXI secolo, Rome
"In/Arch Ance Award 2011", shortlisted projects exhibition, ANCE, Rome

2012 "Le Quattro Stagioni, Architetture del Made in Italy da Adriano Olivetti alla Green Economy", Italian Pavilion at the 2012 Venice Biennale of Architecture
"Young Italian architects", Caselli di Porta Venezia, Milan

2014 "Innesti – Grafting" (The rising city), Italian Pavilion at the 2014 Venice Biennale of Architecture
"Two Projects in Milan", two Onsitestudio projects photographed by Vincenzo Castella, Spaziotempo, Via delle Orsole, Milan

2016 BASE Milano Cultural Centre in "Taking care. Progettare per il bene comune", Italian Pavilion at the 2016 Venice Biennale of Architecture

2016–2017 "Honour imperfection as a hidden intention", first shown at the Milan Triennale in 2016 and later travelling to Aarhus School of Architecture, 2016, and the KADK Library, Copenhagen, 2017

2019 "What is Ornament", Lisbon Architecture Triennale, 2019 (Pirelli Learning Centre)

VITTORIO MAGNAGO LAMPUGNANI (ARTICLE)

Vittorio Magnago Lampugnani, born in Rome in 1951, worked in the 1980s for the International Architecture Exhibition in Berlin (IBA) and taught at Harvard. Later, he was Editor in Chief of the magazine *Domus* and was the Director of the German Architecture Museum in Frankfurt am Main. From 1994 to 2016, he held the Chair of History of Urban Planning at the ETH in Zurich. Since 1981, he has managed the Studio di Architettura in Milan. Since 2010, he has also run the office Baukontor Architekten in Zurich together with a partner.

FEDERICO TRANFA (ARTICLE)

Federico Tranfa, born in Milan in 1966, studied architecture at the Politecnico di Milano and at the Aarhus Arkitektskolen in Denmark. In 2002, he co-founded the practice Pasquini Tranfa architetti, with Laura Pasquini. He is a frequent guest lecturer at institutions and universities and contributor to magazines and books. He has been an Editor of *Casabella* magazine since 2013 and a member of the editorial board since 2016.

FINANZIELLE UND IDEELLE UNTERSTÜTZUNG

Ein besonderer Dank gilt den Institutionen und Sponsorfirmen, deren finanzielle Unterstützungen wesentlich zum Entstehen dieser Buchreihe beitragen. Ihr kulturelles Engagement ermöglicht ein fruchtbares und freundschaftliches Zusammenwirken von Baukultur und Bauwirtschaft.

FINANCIAL AND CONCEPTUAL SUPPORT

Special thanks to our sponsors and institutions whose financial support has helped us so much with the production of this series of books. Their cultural commitment is a valuable contribution to fruitful and cordial collaboration between the culture and economics of architecture.

HAUPTSPONSOREN
MAIN SPONSORS

Astec Srl, Treviso I

Carron Costruzioni Generali Spa,
San Zenone degli Ezzelini I

Impresa Percassi Spa, Bergamo I

Omnitex Srl, Mailand

Schüco International Italia Srl, Padova I

Styl-Comp Spa, Zanica I

Teaco Spa, Concorezzo I

SPONSOREN
SPONSORS

Artemide Spa, Mailand

Barth Innenausbau KG
d. Ivo Barth Gmbh & Co, Bressanone I

Fornace S.Anselmo Spa, Loreggia I

Slalom Srl, Arcore I

Onsitestudio – Mailand/Milan
20. Band der Reihe De aedibus international
Herausgeber: Heinz Wirz, Luzern
Konzept: Heinz Wirz; Onsitestudio, Mailand
Projektleitung: Quart Verlag, Linus Wirz
Textbeiträge: Vittorio Magnago Lampugnani und Federico Tranfa, Mailand
Objekttexte: Federico Tranfa
Textlektorat Deutsch: Miriam Seifert-Waibel, Hamburg
Textlektorat Englisch: Benjamin Liebelt, Berlin
Übersetzung Italienisch–Deutsch (Textbeitrag Federico Tranfa): Dr. Eva Dewes, Saarbrücken
Übersetzung Italienisch–Englisch (Textbeitrag Federico Tranfa): Language Service, Beate Ummenhofer, Keutschach/Wien
Übersetzung Deutsch–Englisch (Textbeitrag Vittorio Magnago Lampugnani): Benjamin Liebelt, Berlin
Übersetzung Englisch–Deutsch (Objekttexte): Miriam Seifert-Waibel, Hamburg
Fotos: Onsitestudio S. 17, 18, 20, 21; Stefano Graziani, Triest S. 23, 26; Filippo Romano, Mailand S. 24, 25, 27–29, 37–40, 42, 43, 47–53; Giovanna Silva, Mailand S. 31, 32, 34, 35; Anders Sune Berg, Kassel S. 32; Delfino Sisto Legnani, Mailand S. 59, 63, 65
Visualisierungen: Onsitestudio
Redesign: BKVK, Basel – Beat Keusch, Angelina Köpplin-Stützle
Grafische Umsetzung: Quart Verlag
Lithos: Printeria, Luzern
Druck: Printer Trento S.R.L., Trient

ISBN 978-3-03761-215-6

Onsitestudio – Mailand/Milan
Volume 20 of the series De aedibus international
Edited by: Heinz Wirz, Lucerne
Concept: Heinz Wirz; Onsitestudio, Milan
Project management: Quart Verlag, Linus Wirz
Articles by: Vittorio Magnago Lampugnani and Federico Tranfa, Milan
Project descriptions: Federico Tranfa
German text editing: Miriam Seifert-Waibel, Hamburg
English text editing: Benjamin Liebelt, Berlin
Italian–German translation (article by Federico Tranfa): Dr. Eva Dewes, Saarbrücken
Italian–English translation (article by Federico Tranfa): Language Service, Beate Ummenhofer, Keutschach/Vienna
German–English translation (article by Vittorio Magnago Lampugnani): Benjamin Liebelt, Berlin
English–German translation (project descriptions): Miriam Seifert-Waibel, Hamburg
Photos: Onsitestudio p. 17, 18, 20, 21; Stefano Graziani, Trieste p. 23, 26; Filippo Romano, Milan p. 24, 25, 27–29, 37–40, 42, 43, 47–53; Giovanna Silva, Milan p. 31, 32, 34, 35; Anders Sune Berg, Kassel p. 32; Delfino Sisto Legnani, Milan p. 59, 63, 65
Graphics: Onsitestudio
Redesign: BKVK, Basel – Beat Keusch, Angelina Köpplin-Stützle
Graphical layout: Quart Verlag
Lithos: Printeria, Lucerne
Printing: Printer Trento S.R.L., Trento

ISBN 978-3-03761-215-6

Der Quart Verlag wird vom Bundesamt für Kultur mit einem Strukturbeitrag für die Jahre 2016–2020 unterstützt.
Quart Verlag has received the support of the Swiss Federal Office of Culture with a structural contribution for the years 2016–2020.

Quart Verlag GmbH
Denkmalstrasse 2, CH-6006 Luzern
books@quart.ch, www.quart.ch

De aedibus international
Zeitgenössische Architekten und ihre Bauten

De aedibus international
Contemporary architects and their buildings

20 Onsitestudio – Mailand/Milan (de/en)
19 a2o architecten – Brüssel/Hasselt (de/en)
18 Schulz und Schulz – Leipzig (de/en)
17 bernardo bader architekten – Bregenz (de/en)
16 Schenker Salvi Weber – Wien (de/en)
15 Henley Halebrown – London (de/en)
14 Walter Angonese – Kaltern/Caldaro (de/en)
13 architecten de vylder vinck taillieu – Gent (de/en)
12 De Smet Vermeulen architecten – Gent (de/en; nl/fr)
11 Uwe Schröder – Bonn (de/en)
10 Stephen Taylor Architects – London (de/en)
9 Titus Bernhard Architekten – Augsburg (de/en)
8 Dietrich|Untertrifaller – Bregenz (de/en)
7 Geurst & Schulze Architecten – Den Haag (de/en)
6 Wingender Hovenier Architecten – Amsterdam (de/en)
5 Tony Fretton Architects – London (de/en)
4 Jonathan Woolf Architects – London (de/en)
3 Hufnagel Pütz Rafaelian – Berlin (de/en)
2 Hild und K – München (de/en)
1 Stanton Williams – London (de/en)

books@quart.ch, www.quart.ch